教育部 1+X 空中乘务职业技能标准主要起草者
1+X 空中乘务职业技能等级证书高级考评员   编写

高等院校民航服务类专业应用型人才培养系列精品教材

# 民航客舱救护

李凌敏　陈　晨　主编

| 校企合作 | 微课 | 课程在线资源库 | 课件 | 题库 |

| 教学大纲 | 教案 | 授课计划 | 课程思政 | 实训报告 |

西南交通大学出版社
·成　都·

## 内容简介

随着社会经济的快速发展，飞机已成为人们远距离出行的首选交通工具，但是飞机在空中飞行时，突发事件时有发生，往往需要紧急医疗，因而空中乘务员的急救技能至关重要。本教材涵盖了客舱救护基础、客舱急救、心肺复苏、创伤现场救护、机上常见病症及处理、客舱突发公共卫生事件处理等内容。教材编写注重满足民航服务类专业的教学需求，将空中急救的最新理论、技术和规范纳入教材内容，并与国家最新法律法规、技术标准保持一致。为满足技术技能型人才培养的需要，教材加强了职业教育特色，梳理了客舱急救的核心技能并将其设置成专项实训项目，以方便学生更好地掌握相关技能。

### 图书在版编目（CIP）数据

民航客舱救护 / 李凌敏，陈晨主编. —成都：西南交通大学出版社，2021.11（2025.7 重印）
ISBN 978-7-5643-8403-6

Ⅰ. ①民… Ⅱ. ①李… ②陈… Ⅲ. ①航空航天医学 – 救护 – 高等职业教育 – 教材 Ⅳ. ①R851.4

中国版本图书馆 CIP 数据核字（2021）第 238918 号

Minhang Kecang Jiuhu
**民航客舱救护**
李凌敏　陈　晨　主编

| | |
|---|---|
| 责 任 编 辑 | 罗爱林 |
| 封 面 设 计 | 曹天擎 |
| 出 版 发 行 | 西南交通大学出版社 |
| | （四川省成都市金牛区二环路北一段 111 号 |
| | 西南交通大学创新大厦 21 楼） |
| 营销部电话 | 028-87600564　028-87600533 |
| 邮 政 编 码 | 610031 |
| 网　　　址 | http://www.xnjdcbs.com |
| 印　　　刷 | 四川森林印务有限责任公司 |
| 成 品 尺 寸 | 185 mm × 260 mm |
| 印　　　张 | 7.25 |
| 字　　　数 | 168 千 |
| 版　　　次 | 2021 年 11 月第 1 版 |
| 印　　　次 | 2025 年 7 月第 3 次 |
| 书　　　号 | ISBN 978-7-5643-8403-6 |
| 定　　　价 | 35.00 元 |

# 前 言 //PREFACE

尽管飞机是目前最安全的交通工具，但其在飞行过程中经常会出现紧急医学事件。客舱乘务员在进行急救时，不是诊断旅客的病情或进行救治，而是在专业医疗人员抵达之前，为旅客提供基本的必要的急救，减少伤残。

民航客舱救护是一门理论性和实践性较强的课程。教材的编写遵循全国航空工业职业教育教学指导委员会相关文件精神与空中乘务专业 1+X 职业技能标准要求，针对民航服务类专业特点，力求使专业知识体系完整，表达方式通俗易懂，突出实践能力的培养。

全书由 6 个模块和 4 个专项实训项目组成，分别为认识客舱应急救护、航空飞行常见疾病及预防措施、客舱救护基础、可导致航班返航或备降的紧急医学事件处置、机上创伤救护、机上突发公共卫生事件、人体生命体征的测量、气道异物梗阻急救（海姆立克法）、止血包扎及骨折固定、心肺复苏。

本书是校企合作开发的教材，由江苏航空职业技术学院李凌敏、陈晨承担主要编写工作。在编写过程中得到了中国国际航空股份有限公司有关专家的技术支持，因而教材内容更加紧贴行业、企业、职业标准要求。本书可作为民航运输类专业以及相关专业学生的教材，也可作为民航服务人员的参考书及企业培训用书。

本书编写过程中参考和引用了许多国内外专家、学者的研究成果，在此表示最诚挚的谢意！

由于本书涉及的知识面广，加之编者水平有限，书中难免存在不足和欠妥之处，敬请广大读者批评指正。

编 者
2021 年 11 月

目 录 // CONTENTS

## 上篇　客舱救护基础知识与技能

# 下篇　客舱救护核心技能实训项目

上 篇

客舱救护基础
知识与技能

# 模块一　认识客舱应急救护

## 项目一　了解应急救护技能的意义与内容

**学习目标**

了解应急救护技能的内容与重要意义；掌握客舱急救原则及应急救护程序。

**知识储备**

应急救护又称现场救护，是院前急救的重要组成部分。突发伤病现场情况复杂多变，如缺乏专业技术及救护资源，一些严重的伤病往往在数分钟内就会危及患者的生命。

### 一、学习应急救护技能的重要意义

自然灾害、事故伤害、突发疾病等随时都可能发生，当人们的生命受到威胁时，很多伤者由于没有得到及时、正确、有效的现场救护而导致终身残疾甚至丧失生命。

在现实生活中，意外无处不在。家中老人突然晕倒，身边小孩突发气道异物阻塞，跑步心脏骤停，游泳意外溺水等意外时有发生。在危重急症、事故或者意外伤害突然降临时，我们在第一时间会想到什么呢？又会去做什么呢？统计数据显示，截至 2018 年，每年约有 1 750 万人死于心脏病，而中国大约有 260 万。心脏骤停 4 min 内将损失一半脑细胞，及时进行心肺复苏，成活率可达 50%。时间延迟越久，救活概率越低：6 min 后，成活率降低到 4%；8 min 后，几乎失去了救援的意义。由此可见，急救的黄金 4 min，需要第一目击者及时把握，掌握应急救护技能就显得尤为重要。

为使患者能在专业人员没有到达的这段"抢救真空"时段内得到救护，我们需要增强个人自我保护意识，提高人们自救与互救的能力。学习应急救护技能，能够在患者发病的第一时间采取有效的救护措施，守护患者生命健康安全，减轻伤痛，降低致残率，提高生存概率。

## 二、客舱应急救护的基本技能

客舱应急救护的基本技能主要包含以下几项：

（1）现场徒手心肺复苏（CPR）。

（2）现场救护的4项基本技能：止血、包扎、固定、搬运。

（3）其他机上常见病症的处置。

## 三、客舱应急救护的基本原则

乘务员在客舱处理突发情况时，不是诊断旅客的病情或进行预先治疗，而是首先对伤病旅客的情况进行初步判断，然后提供必要的、基本的急救，直到机上专业医务人员赶到或者飞机落地后移交给相应的医疗救护机构。因此，客舱乘务员必须掌握基本的机上急救知识与客舱应急救护技能。客舱应急救护要遵循以下基本原则：

（1）机组人员应反应迅速、判断准确、处理及时，保持团结协作。

（2）客舱是特殊的空间，急救时应提供安全、舒适且相对安静的救生环境。开展客舱救护时，应确保现场环境安全。

（3）在病因不明确时，不要擅自移动伤病旅客，应使其保持舒适体位。

（4）开展客舱应急救护时，首先需要判断伤病旅客的生命体征，如呼吸、脉搏、体温、血压等。

（5）第一时间广播找医生，并确认其身份。

（6）机载应急医疗设备应当由专业医护人员打开，在机上没有专业医护人员的情况下，可由机长授权，由相关人员打开并使用。

（7）为旅客提供机上应急医疗设备或机载药物时，需要签订相应的免责文件。

（8）开展客舱应急救护时，必须由乘务长指定专人进行情况记录。

（9）及时报告机长。

**能力提升训练**

根据所学知识，阐述客舱应急救护需要掌握的基本技能。

# 项目二　机载应急医疗设备的使用

**学习目标**

熟悉急救箱、应急医疗箱、卫生防疫包内物品和药品的用途；掌握急救箱、应急医疗箱和卫生防疫包的使用方法；能够根据机上旅客伤病状况正确选用和使用应急医疗设备处理医学事件。

按照《大型飞机公共航空运输承运人运行合格审定规则》（CCAR-121）的要求，应在载客航班上配备急救箱、应急医疗箱和卫生防疫包等应急医疗设备。有的航空公司还配备有乘务长药箱。

应急医疗设备应当附加名称标识，并有明确的使用方法提示；应当放置在客舱内，便于机组成员取用；应当以 6 个月为周期或根据所配物品有效期和更新要求进行定期检查更新，以确保在紧急情况下能够使用，检查（更新）日期应当标注在包装外。

如发现航班飞机上的急救设备不符合中国民航的最低要求，应补充或替换设备使其达到要求后再起飞。使用急救箱、应急医疗箱（除体温计、血压计外），乘务组应要求旅客填写"应急医疗设备和药品使用知情同意书"。

## 一、急救箱

急救箱，英文名为 First Aid Kit，用于旅客或机组人员受伤需要止血、包扎、固定和心肺复苏等应急医疗处理。急救箱的外形如图 1-1 所示。

图 1-1　机上急救箱

（一）急救箱应满足的条件和要求

1. 载客飞机对急救箱配备的要求

急救箱应固定放置于客舱内便于取用的位置。根据载客飞机的座位数不同，急救箱配备的数量也不一样，具体如表 1-1 所示。

表 1-1　急救箱数量的配备

| 旅客座位数/个 | 急救箱数量/个 |
|---|---|
| 100 以下（含 100） | 1 |
| 101～200 | 2 |
| 201～300 | 3 |
| 301～400 | 4 |
| 401～500 | 5 |
| 500 以上 | 6 |

此外，根据相关法规的要求，每只急救箱还具有防尘、防潮的功能。

2. 急救箱内的医疗用品

按照相关法规的要求，急救箱内医疗用品的配备如表 1-2 所示。

表 1-2　急救箱内医疗用品的配备

| 项　目 | 数　量 |
|---|---|
| 绷带：3 列（5 cm）、5 列（3 cm） | 各 5 卷 |
| 敷料（纱布）：10 cm×10 cm | 10 块 |
| 三角巾（带安全别针） | 5 条 |
| 胶布：1 cm，2 cm（宽度） | 各 1 卷 |
| 动脉止血带 | 1 条 |
| 外用烧伤药膏 | 3 支 |
| 手臂夹板 | 1 副 |
| 腿部夹板 | 1 副 |
| 医用剪刀 | 1 把 |
| 医用橡胶手套 | 2 副 |
| 皮肤消毒剂及消毒棉 | 适量 |
| 单向活瓣嘴对嘴复苏面罩 | 1 个 |
| 急救箱手册（含物品清单） | 1 本 |
| 事件记录本或机上应急事件报告单 | 1 本（若干页） |

特别注意的是，对于不适于装在急救箱内的手臂夹板和腿部夹板应当存放在急救箱附近易于取用的位置。

（二）急救箱的使用说明

（1）在机上出现创伤或出现紧急情况时可以使用。

（2）经过急救训练的乘务人员、在场的医务人员或经专门训练的人员均可打开和使用此箱内的物品。

（3）使用后，主任乘务长/乘务长应填写"机上紧急事件报告单"，并按要求上报；同时填写"客舱记录本"。

### （三）急救箱内医疗用品的用途及注意事项

（1）绷带：主要用于对各种伤口的包扎固定。

（2）敷料：用以覆盖创伤面的材料。敷料都是经过消毒灭菌处理并规范包装的，使用时应当查明包装表面标注的有效期，以保证无菌。

（3）三角巾：用于包扎伤口的材料，主要用于病人头部、面部、手掌、腹部、足部、踝关节、前额和耳部等受伤部位的包扎。

（4）胶布：主要用于敷料、绷带、三角巾等包扎材料的固定。

（5）动脉止血带：适用于四肢大出血时的止血。只有当其他止血方法无效时才用动脉止血带进行止血。动脉止血带包括橡皮止血带（橡皮带、橡皮条和一次性止血带），气性止血带（如血压计袖带）和布制止血带等。

（6）外用烧伤药膏：用于烧伤、烫伤、化学烧伤等，外用应适量涂抹。

（7）夹板：为固定骨折部位的材料。根据固定部位的不同，可分为手臂夹板和腿部夹板。根据材质的不同又可分为木质夹板、充气式夹板、铝芯塑型夹板和钢丝夹板等。

（8）医用剪刀：为不锈钢圆头剪刀，用于机上分娩时剪胎儿脐带，急救时剪医用敷料、绷带及伤口处衣物等。

（9）医用橡胶手套：用于防止受到感染体液的污染。

（10）皮肤消毒剂：用于创伤面的消毒，包括碘类（如碘伏）、氯己定类、季铵盐类或植物（中草药）类等非醇类皮肤消毒剂。

（11）单向活瓣嘴对嘴复苏面罩：用于对伤病员实施心肺复苏时的人工呼吸。

## 二、应急医疗箱

应急医疗箱，英文名为 Emergency Medical Kit，用于旅客或机组人员意外受伤或者医学急症的应急医疗处置。机上应急医疗箱的外形如图 1-2 所示。

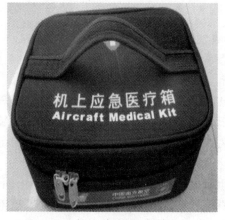

图 1-2　机上应急医疗箱

（一）应急医疗箱应满足的条件和要求

每架飞机在载客飞行时至少配备一只应急医疗箱。应急医疗箱具有防尘、防潮的功能，固定放置于客舱内避免高温或低温且便于取用的位置。

按照相关法规要求，应急医疗箱内药品和物品的配备如表1-3所示。

表 1-3　应急医疗箱内药品和物品的配备

| 项　目 | 数　量 |
| --- | --- |
| 血压计 | 1个 |
| 听诊器 | 1副 |
| 口咽气道（3种规格） | 各1个 |
| 静脉止血带 | 1根 |
| 脐带夹 | 1个 |
| 医用口罩 | 2个 |
| 医用橡胶手套 | 2副 |
| 皮肤消毒剂 | 适量 |
| 消毒棉签（球） | 适量 |
| 体温计（非水银式） | 1支 |
| 注射器（2 mL、5 mL） | 各2支 |
| 0.9%氯化钠 | 至少250 mL |
| 1∶1 000肾上腺素单次用量安瓿 | 2支 |
| 盐酸苯海拉明注射液 | 2支 |
| 硝酸甘油片 | 10片 |
| 醋酸基水杨酸（阿司匹林）口服片 | 30片 |
| 应急医疗箱手册（含药品和物品清单） | 1本 |
| 事件记录本或机上应急事件报告单 | 1本（若干页） |

（二）应急医疗箱内药品或物品的用途及注意事项

（1）口咽气道[口咽通气道（管）]：在现场急救和心肺复苏中，用来限制舌后坠，维持气道开放，保持伤患者气道畅通的医疗用品。其规格大小为 40～120 mm。机上配备了大、中、小3种规格。

（2）皮肤消毒剂：包括碘类（如碘伏）、氯己定类、季铵盐类或植物（中草药）类等非醇类皮肤消毒剂，用于创伤面的消毒。使用前应检查包装是否严密及是否有泄露。

（3）注射器：为肌肉或静脉给药的医疗用具。机上配备有 2 mL 注射器 2 支、5 mL 注射器 2 支，均为一次性注射器（含针头）。

（4）0.9%氯化钠（生理盐水）：主要用于清洗伤口（创伤面）或稀释注射用药品。

（5）肾上腺素：主要用于支气管痉挛所致的严重呼吸困难，可迅速缓解药物等引起的过敏性休克，也是各种原因引起心脏骤停时进行心肺复苏的主要抢救用药。

（6）盐酸苯海拉明注射液：主要用于急性重症过敏反应（如荨麻疹、花粉症），晕船、晕车，血清反应及血管运动性鼻炎等。

（7）硝酸甘油片：适用于冠心病心绞痛或心肌梗死时的应急处置。用法与用量：成人一次用 0.25~0.5 mg（1 片）舌下含服；每 5 分钟可重复 1 片，直至疼痛缓解；如果 15 min 内总量达 3 片后疼痛持续存在，不应继续给药；在活动或大便之前 5~10 min 预防性使用，可避免诱发心绞痛。

（8）醋酸基水杨酸（阿司匹林）口服片：适用于预防一过性脑缺血发作、心肌梗死、心房颤动、人工心脏瓣膜、动静脉瘘或其他手术后的血栓形成，也可用于治疗不稳定型心绞痛。用法与用量：预防心肌梗死、动脉血栓、动脉粥样硬化，每日 1 次，每次 0.3 g；预防短暂性脑缺血，每次 0.65 g，1 日 2 次。

## （三）应急医疗箱的使用

（1）只有机上遇见旅客或者机组人员意外受伤或者医学急症时，广播找医务人员帮助，且正好有医务人员在场出来帮忙时，即应出示应急医疗箱药品和物品清单，并供使用，但应确认并记录该人身份为医生的证明。

（2）特殊情况，机长有权决定打开并取用其中的相关用品。

（3）使用箱内医疗用品和药品之前（除体温计、血压计、听诊器外），应请使用者（受伤的旅客或机组人员）填写"应急医疗设备和药品使用知情同意书"。

（4）使用应急医疗箱后，应填写应急事件报告单，一式 3 份，并在相应位置请机长、使用医生和带班乘务长或乘务长分别签名。

（5）将医用药箱使用登记表一份送到达站的有关部门，一份交使用药箱的医生，另一份留在医用药箱内交回航卫中心统计。

## 三、卫生防疫包

卫生防疫包，英文名为 Universal Precaution Kit，用于清洁、消除客舱内血液、尿液、呕吐物和排泄物等潜在传染源，并在护理疑似传染病人时提供个人防护。卫生防疫包的外形如图 1-3 所示。

### （一）卫生防疫包应满足的条件和要求

每架飞机在载客飞行中所配卫生防疫包的数量不得少于每 100 个旅客座位 1 个（100 座以内配 1 个），存放在机组人员易于取用的位置（各航空公司有各自规定的位置）。如执行疫区飞行的航线飞机，将适当增加防疫包配置，以实际配备数量为准。其式样如图 1-4 所示。每个卫生防疫包应当能够防尘、防潮。

图 1-3　机上卫生防疫包

卫生防疫包的外包装式样和标示

卫生防疫包

Universal Precaution Kit

(航空专用)

图 1-4  卫生防疫包的外包装标示

按照相关法规要求，卫生防疫包内药品和物品的配备如表 1-4 所示。

表 1-4  卫生防疫包内药品和物品的配备

| 项目 | 数量 |
| --- | --- |
| 液体、排泄物消毒凝固剂 | 100 g |
| 表面清理消毒片 | 1～3 g |
| 皮肤消毒擦拭纸巾 | 10 块 |
| 医用口罩和眼罩 | 各 1 个（副） |
| 医用橡胶手套 | 2 副 |
| 防渗透橡胶（塑料）围裙 | 1 条 |
| 大块吸水纸（毛）巾 | 2 块 |
| 便携拾物铲 | 1 套 |
| 生物有害物专用垃圾袋 | 1 套 |
| 物品清单和使用说明书 | 1 份 |
| 事件记录本或机上应急事件报告单 | 1 本（若干页） |

（二）卫生防疫包内物品的用途及注意事项

（1）液体、排泄物消毒凝固剂：为粉剂；具有吸水作用，吸水倍率 ≥ 30 g/g，吸水速度 ≤ 50 s；具有凝胶化作用；对常见致病菌具有抑菌作用；对飞机座舱环境没有明显腐蚀和毒副作用。

（2）表面清理消毒片：为片剂；具有高效消毒效果，有效氯含量 1 ~ 3 g，消毒作用时间约为 5 min；对飞机座舱环境没有明显腐蚀和毒副作用。

（3）皮肤消毒擦拭纸巾：可杀灭常见致病菌，对皮肤无刺激。

（4）眼罩：有遮挡作用，具有防雾功能。

（5）医用橡胶手套：可防止化学物、血液渗透。

（6）防渗透橡胶（塑料）围裙：为医用防护服材料；长度达膝盖处；具有较强的强度/质量比值和柔韧性；具有耐高强度的液体冲击性，可有效预防血液、水、油、酸碱盐溶液等渗透性物质。

（7）大块吸水纸（毛）巾：为聚丙烯高分子吸水材料，规格为 20 cm × 20 cm，每片吸附 100 mL 以上液体。

（8）便携拾物铲：具有铲、刮、拾物的功能。

（9）生物有害专用垃圾袋：为医用垃圾袋材料，用于盛装客舱内血液、尿液、呕吐物和排泄物等潜在传染源。

## （三）卫生防疫包的使用程序

（1）穿戴个人防护用品。依次穿戴医用口罩、眼罩、医用橡胶手套、防渗透围裙。

（2）配制消毒液。取 1 片表面清理消毒片放入 250 ~ 500 mL 清水中，配制成浓度为 1∶500 ~ 1 000 的消毒液，用于对污物污染的座舱内物品表面和地面进行初步消毒。

（3）将消毒凝固剂均匀覆盖于液体、排泄物等污物 3 ~ 5 min，使其凝胶固化。

（4）使用便携拾物铲将凝胶固化的污物铲入生物有害物专用垃圾袋中。

（5）用配好的消毒液对污物污染的物品进行消毒，保证消毒液在物品表面滞留 3 ~ 5 min 后用清洁水擦拭清洗，最后用吸水毛巾将残留水渍吸干。上述过程重复进行一遍，然后将使用后的吸水毛巾及其他使用过的消毒用品放入生物有害物专用垃圾袋。

（6）依次脱掉手套、围裙，用皮肤消毒擦拭纸巾擦手消毒，再依次脱下口罩、眼罩，最后用皮肤消毒擦拭纸巾擦手及身体其他可能接触到污物的部位。

（7）将所有使用过的防护用品装入生物有害物专用垃圾袋后，将垃圾袋封闭，填写"生物有害垃圾标签"（见图 1-5），并粘贴在垃圾袋封口处。

（8）将已封闭的生物有害物专用垃圾袋暂时存放于适当位置，避免丢失、破损或对机上餐食造成污染。

（9）通知目的地的地面相关部门做好接收准备。

（10）生物有害垃圾袋按照医疗垃圾管理原则处置，负责接收的地面相关部门事先与医疗废物的专业机构签订协议，确保生物有害垃圾及时送相关机构进行无害化处理。

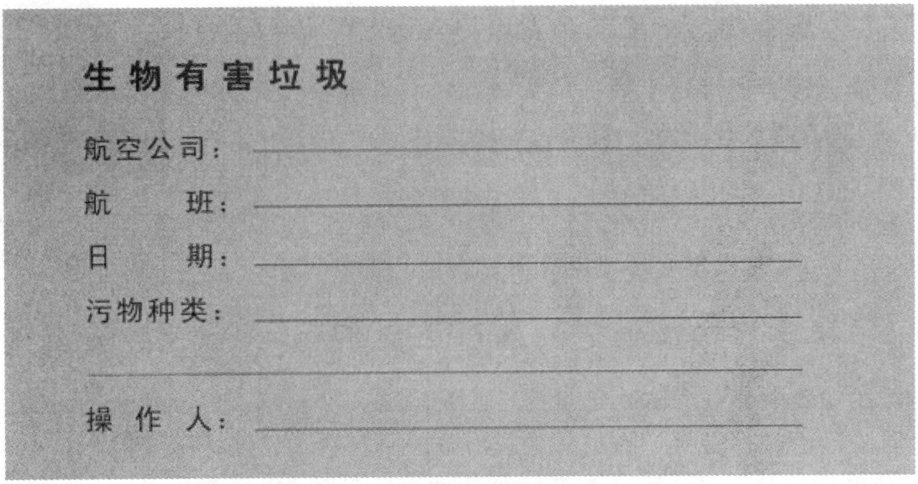
**生物有害垃圾**

航空公司：________________

航　　班：________________

日　　期：________________

污物种类：________________

操 作 人：________________

图 1-5　生物有害垃圾标签

## 四、乘务长药箱

乘务长药箱是航空公司的延伸服务，箱内药品主要用于满足乘客在空中旅行时医疗服务的需要。与急救箱、应急医疗箱和卫生防疫包不同，乘务长药箱不属于法规强制要求配备的机上医疗用品，因此各航空公司没有统一的配备标准。乘务长药箱主要配备有治疗各种常见病的非处方药、药品说明书、药物使用免责单。药品说明书主要包括以下内容：药品名称、用途、用法、作用原理、副作用和禁忌证等。

## 五、机载应急医疗设备使用的注意事项

（1）机载应急医疗设备应当由经过训练的机组成员使用，或在医疗专业人员的指导下使用。

（2）机载应急医疗设备中属于国家规定必须且仅可由医疗专业人员使用和操作的医疗器械及处方类用品，机组成员应当按照相应程序提供给医疗专业人员使用。

（3）在机上提供使用机载急救包、应急医疗箱（除体温计、血压计外）或任何药品时，应当首先保证被帮助者或者其同行人知晓使用说明，同意并签署“应急医疗设备和药品使用知情同意书”（见图 1-6）后方可使用。使用机载应急医疗设备中的处方药品时，必须经医疗专业人员诊疗后方可使用。具体要求如下：

① 运行中突发事件造成旅客受伤或旅客突发急症时，需使用所配急救包、应急医疗箱（除体温计、血压计外）或药品时，客舱机组成员应寻求旅客中医疗专业人员的帮助，由其或在其指导下向需要紧急医疗处置的旅客提供帮助，并在“应急医疗设备和药品使用知情同意书”上予以记录或由医疗专业人员（或其他证明人）签字。

② 当运行中旅客因为身体不适主动要求，或者其同行人协助要求使用应急医疗物品（除体温计、血压计外）或药品时，客舱机组成员可以提供帮助，同时向旅客提供设备或

药品使用说明书并要求其仔细阅读。在提供应急医疗物品或药品时，需要旅客本人或其同行人签署"应急医疗设备和药品使用知情同意书"。

③ 当不能及时得到医疗专业人员的指导或伤病旅客因为意识状态原因无法签署"应急医疗设备和药品使用知情同意书"，可以由伤病旅客的同行人（如有），或者同时由 2 名以上客舱机组成员在"应急医疗设备和药品使用知情同意书"上记录和签字。有旅客自愿作证的也可以同时签字。应急医疗设备和药品应当按照使用说明书上载明的方法使用。

（4）机组成员应当及时记录飞行中发生的紧急医学事件，填写"紧急医学事件报告单"（见图 1-7），并应当在飞行后及时将"紧急医学事件报告单"和"应急医疗设备和药品使用知情同意书"上报给合格证持有人，由合格证持有人的航空卫生保障机构负责收集备查。飞行中发生的紧急医学事件包括 3 种情况：造成飞机改航备降等不正常运行的人员伤病或死亡，飞机不正常运行导致的人员伤病或死亡，以及突发公共卫生事件。

（5）机载应急医疗设备的维护和医疗用品的更换由合格证持有人航空卫生保障机构负责实施。

## 应急医疗设备和药品使用知情同意书

本人因身体不适或伤痛，在乘坐的飞机上（航班号：＿＿＿＿＿＿）使用了由航班免费提供的药品（药品名：＿＿＿＿＿＿＿＿＿＿＿＿）共（　　　）片或航班提供的医疗急救设备（设备名：＿＿＿＿＿＿）。

我在服药（或使用医疗急救设备）前已阅读使用说明书，清楚了解该药或设备的使用方法和注意事项等，出现由于使用上述药品和/或医疗急救设备所导致的不良反应或症状，由本人负责。

旅客签名：＿＿＿＿＿＿＿＿＿＿＿＿＿＿＿＿＿＿

同行人签名（如需要）：＿＿＿＿＿＿＿＿＿＿＿＿

医疗急救专业人员签名（如需要）：＿＿＿＿＿＿＿

客舱机组成员签名：＿＿＿＿、＿＿＿＿、＿＿＿＿、＿＿＿＿、

日期：　　　年　　月　　日

图 1-6　应急医疗设备和药品使用知情同意书

# 紧急医学事件报告单
## Urgent Medicine Event Report

| 航班号<br>FLIGHT NO. | | 机号<br>AIRPLANE NO. | | 日期<br>DATE | | 备降地<br>ALTERNATE | |
|---|---|---|---|---|---|---|---|
| 病人姓名<br>PATIENT | | 性别<br>SEX | | 国籍<br>NATIONALITY | | 年龄<br>AGE | | 证件号<br>PASSPORT NO. | |
| 座位号<br>SEAT | | 目的地<br>DESTINATION | | 联系电话<br>TELEPHONE | | | 住址<br>ADDRESS | |
| 事件情况<br>EMERGENCY | | | | 处理过程<br>PREPARATION | | | |

| 证明人姓名<br>WITNESS | 地址/电话<br>ADDRESS/TELEPHONE | 国籍及证件号<br>NATIONALITY&PASSPORT NO. | 座位号<br>SEAT | 签名<br>SIGNATURE |
|---|---|---|---|---|
| | | | | |
| | | | | |
| | | | | |

| 处理人员签名<br>NAME OF PREPARATION | 地址<br>ADDRESS | 联系电话<br>TELEPHONE | 签名<br>SIGNATURE |
|---|---|---|---|
| | | | |
| | | | |
| 乘务长签名<br>PURSER SIGNATURE | | | |

报告人签名:　　　　　　　　　　　　报告日期:
Reporter Signature　　　　　　　　　Report Date

图 1-7　紧急医学事件报告单

**能力提升训练**

　　按照《大型飞机公共航空运输承运人运行合格审定规则》(CCAR-121)的要求,载客航班应该配备哪些应急医疗设备?每一种应急医疗设备使用程序及注意事项是什么?

# 模块二　航空飞行常见疾病及预防措施

## 项目一　航空飞行对人体的影响分析

**学习目标**

熟悉航空飞行过程中常见环境因素对人体的影响；了解航空飞行与人体生理健康的相互关系。

**知识储备**

### 一、高空缺氧对人体的影响

高空缺氧又称低压性缺氧，是指人体暴露于高空低气压环境里，由于氧气含量少而导致的生理机能障碍。在航空飞行过程中，高空缺氧与座舱高度有着密切的关系。随着飞行高度的增加，大气压下降，大气中的含氧量下降。多数人在 4 000 m 高度以上就会出现缺氧症状，到 5 000 m 会轻度缺氧，6 000 m 以上会严重缺氧。突然升到 8 000 m 时，人的工作能力一般最多能保持 4 min（有效意识时间）；在 10 000 m 的高度保持约 1 min；升到 14 000 m 时，只能维持 12 ~ 15 s。

高空缺氧以爆发性高空缺氧和急性高空缺氧为多见。爆发性高空缺氧，是指发展非常迅速、程度极为严重的高空缺氧，常在气密座舱迅速减压、座舱增压系统失灵、呼吸供氧突然中断等情况下发生。人体突然暴露于稀薄空气，出现氧反向弥散（肺泡氧分压迅速降低，形成混合静脉血中的氧向肺泡中弥散），身体代偿机能来不及发挥作用，突然发生意识丧失。

急性高空缺氧，是指在数分钟到几小时内人体暴露在低气压环境中引起的缺氧，多见于舱压降低和供氧不足。症状随高度和暴露时间而异，如头昏、视力模糊、情绪反应异常等。情绪反应异常易使飞行员丧失及时采取措施的时机。根据人体在各高度上吸空气和吸纯氧的生理等值高度上发生的缺氧反应对工作能力的影响，分为轻度、中度、重度。

高空缺氧对人体的神经、心血管、呼吸、消化等系统均有不同程度的影响，其中对中枢神经的影响尤为明显。在人体组织中，大脑皮质对缺氧的敏感度极高。氧气供应不足，首先影响大脑皮质，此时人会出现精神不振、反应迟钝、想睡觉等症状，定向力、理解力、记忆力、判断力减弱，注意力也不能很好地分配和转移；有的人在开始缺氧时，会出现类似轻度醉酒的症状，表现为兴奋、多话、自觉愉快等；随着缺氧程度的加重，高级神经活动障碍便越来越明显，最终可能导致意识丧失。

氧气供应不足时，人体通过呼吸加快、加深，心跳增快，心搏每分钟的输出量增多，血中红细胞增加等一系列代偿作用，借以克服和减轻缺氧对身体的影响。但是，这种代偿作用是有一定限度的，而且与人的体质强弱和高空耐力有很大关系。一般来讲，在 4 000 m 以上时，体内的代偿功能不足以补偿供氧不足的影响，就会出现各种缺氧症状。

缺氧对消化系统的影响是，使胃液分泌减少，胃肠蠕动减弱，因此，食物的消化不能像在地面上那样容易。缺氧还会影响视觉功能，一般当上升到 1 500 m 高度时，视觉功能开始下降，特别是在夜间低照度下飞行时，影响就更加明显。

此外，据实验证明，在 1 200 m 高度，飞行员夜间视力会下降 5%，1 800 m 下降 10%，3 000 m 下降 20%，4 800 m 下降 40%，且随着高度的增加缺氧加剧，夜间视力障碍明显。

## 二、高空低气压对人体的影响

在一定范围内，高度越高，空气压力越小。例如，在 5 700 m 的高度，大气压只有地面空气压力的一半；10 000 m 的高度，大气压约为地面的 1/4。气压变低会对人体产生多种影响。低气压对人体的影响，主要表现为缺氧、减压病和胃肠胀气。

### 1. 缺　氧

物理学指出，混合气体中气体的分压力与混合气体中该气体的含氧百分比有关。据此，大气中氧分压可用下式计算：

$$p_{O_2} = p_H \times (\varphi_{O_2}/100)$$

式中　$p_{O_2}$——大气中的氧分压，Pa；

　　　$p_H$——在高度 $H$ 上的大气压力，Pa；

　　　$\varphi_{O_2}$——大气中氧气的体积分数，%。

显然，随着高度增加，由于大气压力下降，大气中和肺泡空气中氧分压随之下降。

由于肺泡空气中氧分压减少，单位时间内肺泡输送给血液的氧气便减少，引起动脉血液氧分压下降，由血液输送给组织的速度和数量减少，导致对组织供氧不足而发生高空缺氧。

生理学研究指出，在 4 000 m 高度以下，人体对氧分压降低是能补偿的；而在 4 000 m 以上，人呼吸大气空气已不能维持正常工作，会出现不同程度的缺氧症状。

### 2. 减压病

环境空气压力的急速改变，可以使人体的封闭腔和半封闭腔内造成压差，从而使中耳及肠胃内产生疼痛的感觉。当高度超过 8 000 m 时会感到关节、肌肉疼痛，这是由于氮分压下降，肌体内的一部分氮气开始以气泡形式排出，压迫了肌肉、骨骼、脂肪组织的神经末梢，从而引起疼痛的感觉。

此外，人体内含有 70%的水分，而水的沸点随外界大气压降低而降低。外界大气压力为 6.266 kPa 时，水的沸点为 37 °C。当人体上升到 19 km 的高空（相当于外界大气压力为 6.266 kPa）时，由血液开始一切体液都发生汽化或产生气泡，从而产生水肿出血现象，这种现象叫作"体液沸腾"。这就好比打开汽水的瓶盖，气泡从水中冒出来的道理一样。气泡堵塞血管或压迫神经而产生一些特殊的症状，这就是所谓的"高空气体栓塞症"或称"减压病"。大气压力的变化，还可以对人体产生一些其他影响。比如，当你驾驶飞机由高空返回地面时，由于气压的逐渐增高产生"压耳朵""压鼻子"的现象，以致发生"航空性中耳炎"及"航空性鼻窦炎"。轻时，感到耳胀、耳痛、耳鸣、听力减退；严重时，可引起鼓膜破裂和中耳充血，出现头痛、眼胀、流泪、流涕或鼻出血等。

### 3. 胃肠胀气

气压降低会使人的胃肠胀气。通常情况下，人体胃肠道内约含有 1 000 mL 气体，这些气体 80%是吞咽进去的，20%是食物在消化过程中产生的。波义耳定律告诉我们：当温度保持一定时，气体的体积随着压力的降低而增大。飞行高度越高，大气压越低，人体胃肠内的气体膨胀就越明显。如在 5 000 m 高度，大约膨胀 2 倍；在 10 000 m 高度，就可胀大 4~5 倍。当然，在气体膨胀时，人体可以不断地向外排出，但若胃肠功能不好或气体太多一时难以排出时，就会发生胃肠胀气，使胃肠壁扩张，产生腹胀、腹痛；严重时，会出现面色苍白、出冷汗、呼吸表浅、脉搏减弱、血压降低等症状。

## 三、低气温对人体的影响

气温每时每刻都在影响人们的生活、工作及一切活动。气温低，会消耗人体内细胞的储备。气温下降，在低温环境中，人体为了保持肌体的热量平衡，组织代谢加强，氧气的需要量增加。如果不能满足以上条件，则人体就会消耗体内细胞的储备，引起人体组织的一些不良反应。

气温很低时，人体血管容易变硬变脆，还会影响人体对营养的吸收。根据联合国粮农组织热量需求委员会的调查，当外界气温比标准气温低 10 °C（温带地区的年平均气温）时，人体对热量的摄取量要增加 5%；当外界气温比标准气温高 10°C 时，人体对热量的摄取量要减少 5%。由此可见，人体对营养的摄取量与气温有很大的关系。此外，气温的高低还影响人体对维生素、食盐的摄取量。

在对流层，随着高度的增加，温度逐渐降低，平均每上升 100 m，气温下降 0.65 °C。当地面温度为 25 °C 时，在 5 000 m 的高空，气温为 – 7.5 °C；在 10 000 m 的高空，温度则低到 – 40 °C；而在 11 000~25 000 m 的平流层，气温则恒定在 – 56.5 °C。如今，飞机多在对流层和平流层活动，外面气温一般在 – 55 °C~ – 40 °C。低温给飞行带来一定的影响，即使有加温设备的座舱，时间长了也会使座舱内的温度不均匀。低温会妨碍飞行人员的工作，寒冷可使手脚麻木，甚至疼痛和肢体寒战，影响动作的准确性，严重时还可引发冻伤。此外，低温会使飞行人员的热量消耗很大。因此，空勤人员应多吃高蛋白的食物以及豆类食品，及时补充人体所需的热量。

## 四、加速度对人体的作用和影响

做机械运动的物体，如果按物体运动速度的变化情况来划分，可分为匀速运动和变速运动。人处于匀速运动状态时，是无感觉的，而且匀速运动的速度对人体也不产生任何不良影响。例如，地球基本是在匀速运动中（赤道上的自转速度为 463 m/s，地球平均公转速度为 $2.98 \times 10^4$ m/s），人类生存在地球上，感觉不到地球的运动。但是，人处于变速运动状态时，身体则会受到速度变化的影响。

物体速度变化的快慢，用加速度来表示。加速度，是指速度的变化量同发生这种变化作用的时间的比值，单位为 m/s²。人在身体直立时能忍受（不受伤害）向上的加速度为重力加速度（$g = 9.8$ m/s²）的 18 倍，向下为 13 倍，横向则为 50 倍以上；如果加速度值超过这一数值，会造成皮肉青肿、骨折、器官破裂、脑震荡等损伤。在飞行活动中，飞行人员经常处在加速度环境中，所以受加速度的影响也就比较明显。

人在座位上能耐受的加速度极限如表 2-1 所示。人经常处于变速运动状态，尤其是现代交通工具的速度不断提高，人经常受到加速度的作用。人在短时间内受到的加速度作用值和延续时间如表 2-2 所示。

表 2-1　人在座位上能耐受的加速度极限表

| 运动方向 | 最大加速度/g | 时间限制/s |
| --- | --- | --- |
| 后 | 45 | 0.1 |
| 前 | 35 | 0.1 |
| 上 | 18 | 0.04 |
| 下 | 10 | 0.1 |

表 2-2　人在短时间内受到的加速度作用值和延续时间表

| 运动工具 | 运动状态 | 加速度/g | 持续速度/s |
| --- | --- | --- | --- |
| 电梯 | 快速升降 | 0.1～0.2 | 1～5 |
| | 舒适极限 | 0.3 | |
| | 紧急降落 | 2.5 | |
| 公共汽车 | 正常加速减速 | 0.1～0.2 | 5 |
| | 紧急刹车 | 0.4 | 2.5 |
| 飞机 | 起飞 | 0.5 | >10 |
| | 弹射起飞 | 2.5～6 | 1.5 |
| | 坠落（不伤人） | 20～100 | |

## 五、噪声对人体的影响

噪声级为 30～40 dB，是比较安静的正常环境；超过 50 dB，就会影响睡眠和休息。休息不足，就不能消除疲劳，正常生理功能就会受到一定的影响。噪声在 70 dB 以上，就会干扰谈话，造成心烦意乱，精神不集中，影响工作效率，甚至发生事故。长期工作或生活在 90 dB 以上的噪声环境，会严重影响听力并导致其他疾病的发生。

听力损伤有急性和慢性之分。接触较强噪声，会出现耳鸣、听力下降，但只要时间不长，一旦离开噪声环境后，很快就能恢复正常，这就是所谓的听觉适应。如果接触强噪声的时间较长，听力下降比较明显，则离开噪声环境后，就需要几小时，甚至十几小时到二十几小时，才能恢复正常，这就是所谓的听觉疲劳。这种暂时性的听力下降仍属于生理范围，但可能发展成噪声性耳聋。如果继续接触强噪声，听觉疲劳不能得到恢复，听力持续下降，就会造成噪声性听力损失，发生病理性改变。这种症状在早期表现为高频段听力下降。但在这个阶段，患者主观上并无异常感觉，语言听力也无影响，我们将这种现象称为听力损伤。如病程进一步发展，听力曲线将继续下降，听力下降平均超过25 dB 时，将出现语言听力异常，主观上感觉会话有困难，我们将这种现象称为噪声性耳聋。此外，强大的声爆，如爆炸声和枪炮声，会造成急性爆震性耳聋，出现鼓膜破裂、中耳小听骨移位，韧带撕裂，出血，听力部分或完全丧失等症状。主观症状有耳痛、眩晕、头痛、恶心及呕吐等。

噪声除损害听觉外，也影响人体其他系统。噪声对神经系统的影响表现为，以头痛和睡眠障碍为主的神经衰弱症状群，脑电图有改变（如节律改变、波幅低、指数下降），自主神经功能紊乱等。对心血管系统的影响表现为血压不稳（大多增高）、心率加快、心电图有改变（窦性心律不齐、缺血型改变）等。对胃肠系统的影响表现为胃液分泌减少、蠕动减慢、食欲下降等。对内分泌系统的影响表现为甲状腺功能亢进、肾上腺皮质功能增强、月经失调等。

### 能力提升训练

根据所学知识，查阅文献，通过网络、图书等途径完成下列任务：航空飞行会对人体产生哪些影响及其危害。请用数据、案例进行阐述分析。

# 项目二 高空症病因及预防措施

### 学习目标

了解高空环境中常见的病症及其原因，并能针对常见高空病症提出预防措施。

### 知识储备

由于航空环境与人们早已适应的地面环境有较大的差异，特别是高空大气中氧含量减少、大气压力降低、振动和加速度等不良因素的存在，空勤人员可能罹患如高空缺氧症、高空减压病、高空胃肠胀气和航空性中耳炎等航空活动中特有的疾病。

## 一、高空缺氧症

氧气是生命物质赖以保持正常功能所必需的最重要的物质之一。氧气量和分子浓度供应不足（缺氧）几乎会引起大多数生物功能的超速衰退，并造成死亡。人对缺氧的影响极为敏感并易受其损害。例如，高度上升到 2 700 m 高空时，大气中氧分子的浓度（分压）减低 25%，会造成智力的明显损害；当突然上升到 $1.67 \times 10^4$ m 时，肺内气体的氧分压减低到地面值的 10%，10 s 内即引起意识丧失，4 ~ 6 min 可造成死亡。

一般认为，飞行时对人威胁最大的是，上升至高空引起的氧分压降低。当因氧气装备和座舱加压系统发生故障而使人们不得不在高空呼吸空气时，往往可迅速导致人失能，甚至死亡。航空飞行历史中，缺氧曾造成过重大的机毁人亡事故。第二次世界大战至今，许多飞行人员在执行飞行任务时常常因缺氧而受到损害，进而导致了严重的安全事故。虽然如今座舱加压和客舱系统的性能和可靠性有了改进，大大降低了因缺氧造成的事故概率，但对此仍应保持高度的警惕。

### （一）人体内气体运动的规律

#### 1. 气体的分压

在任何一种混合气体中，气体的总压力等于各个组分气体的压力之和，每一组气体的压力称为该气体的分压，分压值的大小取决于一定体积的气体所含的该种气体分子数量的多少。空气是一种混合气体，其主要成分是氮气和氧气。因此，干燥空气的压力等于这两种气体的分压之和。当干燥的空气被人体吸入呼吸道以后，会受到体温的加热，并迅速被水蒸气饱和。这时水蒸气也提供了一定的分压。所以呼吸道内的空气是由氧气、氮气和水蒸气 3 种气体组成的混合气体，其总压力等于这 3 种气体的分压之和。每一种气体的分压根据该气体在混合气体中所占体积百分比乘以总压力求得，当体温为 37 ℃ 时，呼吸道内水蒸气的分压值为 47 mmHg（6.3 kPa）。

在人体肺部和组织内进行的氧气和二氧化碳的交换，是通过物理弥散过程完成的。这种弥散运动的趋向，取决于氧气和二氧化碳分压的高低，即由高分压部位向低分压部位弥散，而与它们的相对浓度无关。在飞行过程中，一旦座舱密闭，或上升到一定高度（考虑到飞机的制造成本和飞机本身的重量等因素，飞机的座舱并非完全密闭，因此机舱内空气的压力总是低于海平面大气的压力），人体即使吸入纯氧，但由于低气压环境导致氧分压降低，同样也有可能发生缺氧。

#### 2. 气体的溶解和弥散

气体溶解于液体中所具有的分压称为张力。当气体与液体相接触时，一方面气体分子不断地进入液相而呈溶解状态，另一方面已溶解于液体中的气体分子也可离开液体表面而重新回到气体中去。当两者达到平衡时，就是溶解气体自液体内部向液体表面所施加的压力（张力），等于气相中气体分子由外部向液体表面所弥散的张力。气体在液体中溶解的数量与温度和该气体的分压有关，当温度一定时，气体在液体中溶解的数量与该气体的分压呈正比，其比例系数即是溶解度系数，其关系如下：

$$溶解气体的数量（mL/100\ mL）＝气体的分压 \times 溶解度系数$$

溶解度系数表示气体的溶解度。二氧化碳在血浆中的溶解度系数为 51.5，而氧气在血浆中的溶解度系数为 2.14，故二氧化碳的分压虽然不高，但溶解的量却较多；反之，如果气体溶解度系数很小，即使其分压很高，也不能溶解大量的气体。

气体分子能够穿过多层生物膜的屏障，在人体内的气相与液相之间不断地进行弥散。气体弥散的方向由不同部位间气体分压差值（压力梯度）决定。毛细血管内的氧气需穿过毛细血管壁、组织间液、细胞膜、细胞液才能到达线粒体内进行生物氧化作用。所以，只有在毛细血管和线粒体之间维持足够的氧分压梯度，氧气才能到达线粒体内。

3. 氧合血红蛋白解离曲线

血红蛋白结合氧气数量的多少，取决于氧分压值。表示血红蛋白结合的氧量与氧分压值关系的曲线，称为氧合血红蛋白解离曲线，简称氧解离曲线。

当血红蛋白含量为 15 g/100 mL 血液、pH 为 7.4。二氧化碳分压为 40 mmHg（5.2 kPa）、37 ℃ 体温条件下，测得的氧合血红蛋白解离曲线如图 2-1 实线所示。血氧分压与血氧饱和度之间的关系呈 S 形曲线。当氧分压为 100 mmHg（13.3 kPa）时，血氧饱和度为 97.5% 左右；在氧分压超过 100 mmHg（13.3 kPa）时，血氧饱和度的增长缓慢；在 250 mmHg（32.5 kPa）时，达到完全饱和。所以，在海平面条件下，人体即使吸入纯氧，其血氧饱和度较呼吸空气时也仅略有增加。

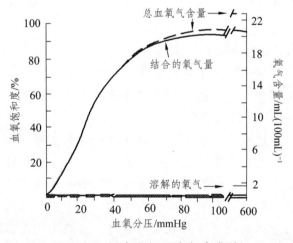

图 2-1　氧合血红蛋白解离曲线

S 形的氧合血红蛋白解离曲线显示：上段较平坦，即在 70～100 mmHg（9.3～13.3 kPa）范围接近一条直线，表明在此范围内即使肺泡气氧分压有较大幅度的下降，血红蛋白仍能结合足够的氧气，从而保证人体对轻度高空缺氧有一定的代偿能力；曲线的中间部分，即在 10～40 mmHg（1.3～5.2 kPa）范围坡度较陡，此时氧分压稍有变化，即可引起血氧饱和度较大改变，在海平面呼吸空气的条件下，组织的氧分压就在此范围内，所以这种特性不仅有利于向组织释放所需要的氧气，而且还有稳定组织氧分压的作用。

## 4. 氧气在血液中的运输

氧气和二氧化碳在血液中都是以物理溶解和化学结合两种形式存在的。通常情况下，氧气和二氧化碳在血液中溶解的数量都很少。如在海平面条件下，当肺泡气氧分压为 100 mmHg（13 kPa）时，每 100 mL 动脉血中只能溶解 0.3 mL 氧气，这样低的氧含量远远不能满足人体代谢的需要。事实上，在血液中绝大部分氧气是以化学结合方式存在并被输送到组织，再进行气体弥散运动的。呼吸气体在血液中的含量如表 2-3 所示。

表 2-3　血液中呼吸气体的含量（mL/100 mL 血液）

| 气体 | 化学结合 | | 物理溶解 | |
|---|---|---|---|---|
| | 动脉血 | 混合静脉血 | 动脉血 | 混合静脉血 |
| 氧气 | 20.0 | 15.0 | 0.30 | 0.12 |
| 二氧化碳 | 46.6 | 50.0 | 2.62 | 3.00 |
| 氮气 | 0.0 | 0.0 | 0.98 | 0.98 |

血红蛋白是血液中储存和携带氧气的运输工具。在肺毛细血管，由于血液氧分压较高，血红蛋白与氧分子结合生成氧合血红蛋白；在组织毛细血管，由于血液中溶解的氧分子不断向组织细胞弥散，从而引起血氧分压降低，此时氧合血红蛋白中的结合氧被陆续地释放出来，以补充血液中溶解氧的数量，维持毛细血管血液氧分压的水平，保证不断向组织弥散氧。

## 5. 血液中二氧化碳的运输

二氧化碳在血液中的运输形式主要有物理溶解的二氧化碳、碳酸、氨基甲酸化合物和重碳酸盐 4 种形式。其中，重碳酸盐为二氧化碳的主要运输形式，占 65%；其次为氨基甲酸化合物，约占 30%。

人体组织细胞在代谢过程中所产生的二氧化碳经弥散溶解在血液中，并可水化成碳酸，这个过程在血浆中进行得很缓慢。但在红细胞中，由于有催化剂碳酸酐酶的存在，水化过程被大大加速。所以，在红细胞中大量形成碳酸，进而非常迅速地解离成重碳酸盐和氢离子，所解离的重碳酸盐离子再重新返回到血浆中，而氢离子则主要在红细胞内被血红蛋白所缓冲。当静脉血流经肺部毛细血管时，血液中的重碳酸盐离子（化学结合状态的二氧化碳）又转变为溶解状态的二氧化碳，最后弥散入肺泡而排出体外。

## （二）缺氧的分类

根据主要病因，组织缺氧可分为以下 4 种不同类型。

### 1. 缺氧性缺氧

缺氧性缺氧是由于动脉血中氧张力不足，从而造成毛细血管血液中氧张力不足，既可由吸入气体中氧分压偏低（如高空暴露），也可由外呼吸功能障碍（如暴露在持续高加速度中或因慢性气管炎和肺气肿等）所致，是航空飞行中最常见的缺氧形式。

## 2. 贫血性缺氧

贫血性缺氧是由于血液摄取氧能力降低而引起的。因此，当血液通过毛细血管床，血中氧含量以及氧张力比正常情况下降低得更快。接近毛细血管静脉端的血液氧张力，不足以维持整个组织所需的最低氧张力。吸入一氧化碳、贫血和正铁血红素的形成都能减低血液携氧能力。

## 3. 停滞性（循环性）缺氧

停滞性（循环性）缺氧是由于通过组织的血流减少而引起的。当血液流经毛细血管床时，血中氧含量和氧张力的降低比正常情况要快得多，以致毛细血管的氧张力不足以维持组织的氧化作用。停滞性缺氧的原因，可以是局部小动脉收缩，如两手暴露在寒冷中；因疾病或创伤阻塞了动脉血液供应；暴露于持续的高正加速度或高原状态下，心排血量和动脉血压减低等。

## 4. 组织中毒性缺氧

组织中毒性缺氧是由于组织利用正常供氧的能力发生障碍而引起的。细胞线粒体中的色素氧化酶在氰化物中毒情况下，对分子氧不能起反应即是一例。

在航空活动中，飞行人员若因暴露于高空低气压环境中，吸入气体的氧分压降低，导致机体组织和器官的氧含量减少，这种缺氧属于缺氧性缺氧，也就是我们本节要介绍的"高空缺氧"。高空缺氧是人类航空事业发展初期最先遇到的严重医学问题之一，因此它也是航空医学中研究历程最长的课题之一。在航空事业高度发达的今天，虽然已经有了各式各样的密闭增压座舱和供氧设备，但国内外飞行事故的调查资料均显示，因急性高空缺氧所引起的飞行事故及飞行事故征候仍占有相当大的比例。这是因为增压舱不能经常保持海平面的压力，在高空飞行时，座舱内的压力可造成中等程度的缺氧。特别值得强调的是，高空缺氧始终是航空医学中的一个重要课题。而飞行人员了解一些高空缺氧的知识，是完全有必要的。

## （三）缺氧的高度分区

根据人体暴露在不同高度时的症状表现，可将缺氧分为以下 4 个高度区：

### 1. 功能完全代偿区

从地面到 1 200 m 高度的区域。在此高度范围内，由于缺氧程度较低，在静止状态下或一定的时间内，人体保持着足够的代偿适应能力而不会出现症状。

### 2. 功能不完全代偿区

1 200 ~ 5 000 m 高度的区域。在此高度范围内，人体的心跳和呼吸会反射性地加快，从而部分地对抗缺氧对人体功能的影响，如果在静止状态下做短暂的停留，缺氧的症状并不严重。大约在 1 200 m 高度，人的夜间视力开始降低；大约在 1 500 m 高度，人的复杂智力活动能力开始降低；在 3 000 ~ 5 000 m 高度，人的体力活动能力也有明显的下降。民航客机在特定的座舱高度（通常是 3 050 ~ 4 250 m），受气压控制的阀门就会被触发而打开，从而放出氧气面罩供机上乘客使用。

### 3. 功能失代偿区

5 000～7 000 m 高度的区域。在此高度范围内，代偿反应虽已充分作用，但仍不能补偿缺氧对人体功能的影响，即使在静止状态下，也有明显的智能和体能的障碍；但在此高度做短暂的停留，一般还不会引起意识丧失。

### 4. 危险区

在 7 000 m 高空以上。在此高度范围内，机体的代偿功能已不足以保证大脑等重要器官的最低氧需要量，很快会出现意识丧失；若不及时供氧，则呼吸、循环功能会相继停止。

### （四）缺氧的主要表现

缺氧的症状多种多样，如表 2-4 所示，但并非所有症状都会在同一个人身上表现出来。缺氧初期会出现气喘、呼吸加深、加快等代偿反应，随着缺氧程度的加重，当超过身体的代偿能力时，便会出现各种各样的机能障碍。由于机体各组织、器官对缺氧的敏感程度不一样，缺氧时出现功能障碍的先后顺序也不一样。一般认为，缺氧的阈限高度是 1 200 m（3 600 ft），即超过 1 200 m 的高度，最早的缺氧症状就会表现出来。

表 2-4　缺氧的症状和体征

| 主要症状 | | 客观体征 |
|---|---|---|
| 气喘、呼吸困难 | | 呼吸加深、加快或过度换气 |
| 头痛 | | 困倦 |
| 头晕（眩晕） | 不断加重的缺氧 | 震颤 |
| 恶心 | | 全身出汗 |
| 面部发热 | | 面色苍白 |
| 视力减弱 | | 口唇发绀 |
| 视力模糊 | | 焦虑 |
| 复视 | | 心动过快 |
| 兴奋、烦躁 | | 心动过缓（危险） |
| 嗜睡 | | 判断力下降 |
| 晕厥 | | 语言表达不清 |
| 虚弱 | | 供给失调 |
| 木僵 | | 意识丧失、抽搐 |

### 1. 特殊感觉

视野变暗是一种常见的缺氧症状。然而，受试者在肺泡氧张力恢复正常之前都觉察不出这种变化，而在恢复后则感到照明水平明显变亮。在肺泡氧张力降低到 40 mmHg 以下之前，在相当明亮的灯光下（明视觉或锥体视觉），视网膜敏感性不受影响。虽然在实验室能证明，即使是十分轻微的缺氧（如肺泡氧张力下降到 75 mmHg 时引起的缺氧）相当于 3 000 m 高度也可损害眼对光的敏感性（微光视觉或柱状视觉）。但是这种损害的绝对值无实际意义，当肺泡氧张力下降到 50 mmHg 以下，也就是在 4 600 m 以上高度呼吸空气时，微光视觉对光敏感性减低的程度才有重要意义。肺泡氧张力下降到低于 50 mmHg 之前，明视觉的视敏度不受损害。中度和严重缺氧可使视野受限，并伴有周边视力丧失和出现中心暗点。

### 2. 发 绀

皮肤或黏膜发绀，通常是由于组织中毛细血管和小静脉的还原血红蛋白浓度过多引起的。一般认为，每 100 mL 毛细血管血液组织中至少要有 5 g 还原血红蛋白才可能出现发绀。这只是近似值，但它可用于强调在严重贫血时不会出现发绀。只有当动脉血氧饱和度低于 75%，才可能令人信服地查出缺氧引起的中枢性发绀。在（1.7 ~ 1.9）× $10^4$ m 以上高度，正常受试者呼吸空气时会出现明显的发绀现象。

### 3. 意识丧失

在缺氧性缺氧时，大脑静脉血的氧张力与意识水平有密切关系。当颈静脉氧张力减低到 17 ~ 19 mmHg 时，即丧失意识。相应的动脉氧张力随大脑血液的变化而改变，而大脑血液又取决于动脉血的氧和二氧化碳张力。促使大脑静脉氧张力降为 17 ~ 19 mmHg 并引起意识丧失的动脉氧张力在 20 ~ 35 mmHg，视二氧化碳过少的程度而定。一般来说，一个人肺泡氧张力减低到 30 mmHg（或稍低）时，经过一段时间就可能丧失意识；如果有明显的过度换气，肺泡减低到 30 mmHg 时，也会出现意识丧失；如果没有二氧化碳过少症，肺泡氧张力即使低至 25 mmHg 也能保持意识清醒。因此，急性暴露于高空呼吸空气时，出现意识丧失的高度可低至 5 300 m 也可高至 8 000 m。

### 4. 有效意识时间

从氧张力减低开始到工作能力受一定程度损害的瞬间为止的间隔时间，称为"有效意识时间"。这一段时间间隔的长短受许多因素的影响，其中允许工作能力损害的程度具有最重要的意义，其范围可从不能完成复杂的精神性运动任务到不能对简单指令做出反应。有效意识时间有很大的个体差异，它取决于身体健康情况、年龄、训练水平、对缺氧的经验、体力活动及暴露前供氧的程度。

### （五）高空缺氧症预防措施——有效使用飞机上的供氧系统

#### 1. 飞机上的供氧系统

飞机上的供氧系统主要是保证飞机乘员吸入足够的氧气以及防止在高空飞行或应急离机过程中缺氧的个体防护装备。飞机供氧系统根据飞机的乘员人数、航程、升限和任务性质的不同而有多种形式，但基本上都由氧源、控制阀、减压阀、调节器、各种指示仪表、跳伞供氧器、断接器和氧气面罩等组成。

（1）氧源。飞机上广泛使用气态氧源，其次是液态氧源。液氧系统比高压气氧系统的重量轻 60% ~ 70%，体积小 60% ~ 80%。但液氧不断挥发，自然损耗率大，地面储氧设备复杂，维护不便。液态氧源已用在现代军用飞机上。固体氧源（亦称化学氧源）是继气态和液态氧源之后发展起来的新氧源。它是将含氧量高的固态化合物储存于化学产氧器内，使用时通过化学反应产生氧气。固体氧源体积小，重量轻，可长期储存，已用于一些大型客机上。分子筛机上制氧是一种新的氧源。它是用一种俗称"沸石"的硅铝酸盐结晶体作为分子筛，当空前航空卫生保健重过分子筛时，空气中的氮分子被分子筛吸附，而氧分子则较容易通过，从而导一定纯度的氧气。吸附过程是可逆的，只要改变压力，并用一定量的气逆向行，即可冲掉氮气，使分子筛再生。这种制氧方法简单、维护方便、费用低。这一机上制氧系统已开始在飞机上试用。

（2）氧气调节器。它随飞行高度的变化按一定规律自动调节输出气体压力、流量和含氧百分比，以满足人体呼吸和体表加压的生理需要。按供氧方式调节着外界气压的降低，相应地增大供氧量。肺式供氧调节器在飞行员吸气时供氧，呼气时停止供氧，可节省用氧量，广泛应用于飞行员个体供氧系统。I压供氧调节器是用于 12 km 以上高空飞行的军用飞机飞行员的个体供氧系统。加压供氧时的典型程序是：调节器首先向人体内供氧，随后对飞行员穿着的高空代偿服充气加压，同时人体肺内过量的气体经呼气活门迅速排出，整个程序仅 1.5～2 s 完毕。加压供氧时，飞行员吸入气的压力大于环境气压。在现代歼击机上，氧气调节器安装在弹射座椅上。飞行员应急离机时，断接器将机上氧源断开，同时打开跳伞供氧器氧源继续向飞行员供氧。旅客机通常备有应急供氧系统。正常飞行时，靠座舱增压以防止旅客缺氧。座舱增压系统一旦失效，则在飞机下降的同时由应急供氧系统在短时间内保证全体旅客用氧。

2. 有效利用机上的供氧设备

有效利用机上的供氧设备是解决飞行中人员缺氧的主要途径。当缺氧状况不严重时，通过机上的供氧来调整飞机内部的氧气供应，以保证机上人员的氧气需要。当缺氧状况严重时，飞机乘务人员应指挥全体旅客使用机上的氧气面罩，以保证氧气的供应。但也应注意，纯氧的吸入同样会对人体健康带来一定的影响，因此，一旦缺氧状况缓解，应立即停止。


## 二、高空减压病

高空减压病是飞机在上升过程中，人体可能发生的一种特殊综合征，其主要症状表现为关节、肌肉的疼痛，并伴有皮肤瘙痒以及咳嗽和胸痛等，严重时还会引起自主神经机能障碍和脑损害的症状，甚至发生休克。高空减压病的发生有一定阈限高度，绝大多数都是上升到 8 000 m 以上高空并停留一段时间以后才发生的，降至 8 000 m 以下，症状一般都会消失。

迅速减压在民用航空中偶尔发生。它一般是由座舱壁（压力壳）结构的失灵或损坏引起的。一旦发生迅速减压，机上人员会突然缺氧，所以应该及时供氧；若减压速度很快，还会造成器官和组织的损伤。但在民用航空中，最为重要、最容易发生的是由增压失效而引起的缓慢减压。一旦发生缓慢减压，航空器通常应逐渐下降到较为安全的高度。但在较多情况下，根据操作的需要，航空器将被迫继续在需要供氧的高度飞行。因此，必须保证供氧系统的可靠性。

（一）高空减压病的发病机理

高空减压病是由于在人体组织、体液中溶解的氮气离析出来形成了气泡，压迫局部组织和栓塞血管等引起的一系列临床症状。由于形成气泡的多少以及栓塞和压迫的部位不同，所引起的症状也各异。

和气体在其他液体中的溶解一样，气体在人体组织或体液中的溶解同样遵循亨利定律，即气体在一定容积的物体中达到饱和状态，与该气体的压力、液体的种类以及温度有关。当液体的种类及温度保持一定时，溶解气体的量与气体的压力呈正比；若是混合气体，则与各组成气体成分的分压呈正比。当液体周围环境的气体压力降低时，在液体中处于饱和溶解状态的气体就变成了过饱和溶解状态，其中一部分将重新游离出来，进入气相，以建立新的平衡，此过程被称为脱饱和。随着飞行高度的升高，大气压力逐渐下降，空气中氮的分压也相应下降，而人体肺部血液中氮的分压却没有改变，于是在地面形成的肺部血液和肺泡气之间氮的平衡被打破，肺部血液中过饱和状态的氮气向肺泡弥散，导致肺部血液中氮气的含量及其分压也随之下降。这种含氮量较低的血液流经组织时，组织细胞中的氮气又弥散进入血液，然后由静脉血带到肺内，再与肺泡气进行气体交换。这样不断循环，机体内过剩的氮气便会逐渐减少，从而寻找到新的平衡。当这种寻求平衡的过程缓慢时，体内的氮气便可依照上述方式排出，而不会出现过饱和溶解状态；但如果飞行上升速度过快，体内的氮气来不及依照上述方式排出，则会形成过饱和溶解状态，并从组织、体液中游离出来。氧气、二氧化碳和氮气虽然都是人体组织、体液中最主要的溶解气体，但是氧气和二氧化碳都是生理上的活泼气体，可转变为化学结合状态，氧气还可以较快地被组织细胞消耗，所以在一般情况下不会形成过饱和溶解状态。唯有完全呈溶解状态的、生理上的惰性气体——氮气，在减压速度较快的情况下，才最有可能形成过饱和状态并游离出来。

必须指出，高空减压时，出现体内氮气过饱和溶解状态，并不是立即就会产生气泡，因为过饱和仅仅是形成气泡的先决条件，氮气泡的产生还取决于其他多种条件，其中最主要的是过饱和状态必须达到一定的程度，也就是体内氮气的过饱和度必须超过正常饱和度的 2 倍，氮气才能由溶解状态变成气泡。一般来说，在 8 000 m 高空，人体组织及体液内溶解氮气的过饱和度是正常饱和度的 2 倍以上，所以 8 000 m 高度是高空减压病的阈限高度。

（二）高空减压病的影响因素

1. 物理因素

（1）上升高度。该病在 8 000 m 以下很少发生；在 8 000 m 以上，飞行高度高，发病率愈高。

（2）高空停留时间。上升到高空后，人体一般不会马上出现症状，而需要经过一定的时间后才会发病。在 8 000 m 以上高空，停留时间愈长，发病率愈高。据有关资料，最早发病者大约在高空停留 5 min 后发病，而最迟发病者可在高空停留 2.5 h 后发病。

（3）上升速率。上升速率愈快，体内过剩的氮来不及排出体外，发病愈高。

（4）重复暴露。24 h 内重复暴露于低气压环境中容易发病。这是因为次暴露时形成的气泡以及体内的其他变化,在下降增压后的时间内尚未完全消除,或者说有累积效应。

(5)高压条件下活动后立即飞行。例如,在24 h内曾做过水下运动或水活动者,上升高空时容易发病。因为在高压条件下体内溶解了较多的氮气,返回水面后一定的时间内,残存在体内的过多的氮气甚至若干气泡没有完全消除。有报道称,人潜水后立即乘坐飞机,在1 500 m高度即会发病。

(6)环境温度。寒冷的温度条件,能增加发病率。

2. 生理因素

(1)体重与年龄。肥胖者有易患屈肢症的倾向。随着年龄的增加,高空减压病的发病率也有所增加,这可能与身体发胖、脂肪组织增加,以及心血管功能降低影响氮气脱饱和速率有关。

(2)呼吸、循环系统的功能状态。因较严重的缺氧或高空胃肠胀气而导致的呼吸、循环机能障碍,以及因寒冷或衣服鞋过紧等因素,导致严重局部血液循环障碍时,都能减慢氮气脱饱和的速率而使该病的发病率增加。

(3)肌肉运动或体力活动。因为人在进行肌肉运动式体力活动时,局部组织受到牵拉,可在一个小局部产生很大的负压,有促使溶解气体离析出来形成气泡的作用。肌肉运动或体力活动时,组织中会产生大量二氧化碳,使局部溶解的气体增多。另外,肌肉运动或体力活动时,组织中的血流量增加,使体内的血液重新分配,导致脂肪组织中的血流量减少,不利于脂肪组织中氮气的脱饱和过程的顺利进行。

(三)高空减压病的主要表现

高空减压病主要表现为关节及其周围组织的疼痛,此外,还可伴有皮肤、呼吸或神经系统的一些症状,如皮肤痒感、刺痛、蚁走感以及异常的冷热感觉,胸骨后不适、咳嗽和呼吸困难,以及头痛、视觉机能障碍、四肢无力和瘫痪等。上述症状,一般在高度下降后随即消失,只有极个别病例在下降至地面后仍继续存在,需要积极治疗方能消失。

(四)高空减压病的预防

1. 保证座舱内足够的压力

保证座舱内足够的压力,是预防高空减压病的最根本的措施。若能在飞行期间保持座舱压力不低于8 000 m高度的压力值(267 mmHg),即可取得良好的预防效果。在民用航空中,只要密封增压座舱的结构完好就可以满足这个条件。

2. 吸氧排氮

吸氧排氮是预防高空减压病的重要方法。呼吸纯氧时,由于肺泡气中的氮分压降低,溶解在静脉血中的氮气就可不断通过肺毛细血管弥散到肺泡中而被呼出,血液中的氮分压也就会相应地降低,于是溶解在身体各种组织、体液中的氮气又会向血液中弥散,再由肺泡排出体外。这样不断循环,逐渐将体内的氮排出。

在军事航空中,对那些没有装备增压座舱或座舱压力制度定得不太严格的高空飞行的机种，可在高空飞行前，采用吸氧排氮的预防措施，这是降低高空减压病发病率的重要方法。而对于民用航空，本方法则没有实际意义。

**3. 飞行中若发生事故性减压，应逐渐下降至较安全的高度**

当密封增压座舱在 8 000 m 以上高空受到破坏时，应尽量减少不必要的体力负荷；如高空已发生病症时，应迅速与地面指挥中心联系，以便及时下降高度。

**4. 控制重复暴露的间隔时间**

通常情况下，潜水活动后 24 h 内不应飞行。有的国家规定，紧急情况下，潜水活动后 12 h 内可以飞行，但需要经过航空医师的允许。

**5. 营养与锻炼**

合理膳食和坚持体育锻炼，可防治肥胖，增强呼吸、循环功能，对预防高空减压病的发生具有积极的意义。

## 三、高空胃肠胀气

与高空缺氧症和高空减压病不同的是，高空胃肠胀气没有明确的发病阈限高度，即使在较低的高度也可能发生。高空胃肠胀气的主要症状是腹胀和腹痛，一般都发生在飞行上升过程中，或在达到一定高度后的最初阶段。若能经口或肛门顺利排出部分膨胀气体，则短时间内腹胀、腹痛的症状即可消失，否则，高度愈高，症状将愈重。

### （一）高空胃肠胀气的发病机理

人体胃道内通常含有 1 000 mL 左右的气体，它们大多是随饮食和唾液吞咽下去的空气，少部分是食物分解而产生的。它们同样遵循波义耳定律，即当温度保持一定时，一定质量气体的体积与其压强呈反比，即压力越大，体积愈小，反之亦然。当高度上升时，若胃肠道内的气体不能顺利排出，则气体的体积随高度的增加也会不断增大，使胃肠壁扩张，而引起腹胀、腹痛等症状。另外，因胃肠道内气体经常被体温条件下的水蒸气所饱和，加上胃肠道壁的弹性对膨胀气体的限制作用，以及部分气体能从口及肛门排出等，体内气体随压力降低而减少膨胀的倍数，并不完全符合波义耳定律所述的压力-容积关系。

### （二）高空胃肠胀气的影响因素

**1. 飞行上升高度及上升速度**

上升的高度愈高，气压降低愈多，胃肠道内气体的膨胀也越大，高空胃肠胀气的症状也愈重；上升速度愈快，胃肠道内膨胀气体愈来不及排出，高空胃肠胀气的症状也愈重。

**2. 胃肠道的机能状态**

在含气的空腔器官中，以胃肠道与体外相通的管道为最长，所以肠道内气体的排出受阻也较多。凡是能影响胃肠道通畅的因素（如便秘、胃肠道慢性疾病等），均会妨碍膨胀气体的排出，从而加重高空胃肠胀气的症状。

（三）高空胃肠胀气对人体的影响

1. 机械性影响

由于胃肠道内气体膨胀压迫膈肌使其升高，呼吸运动受到限制，肺活量减少，严重时可发生呼吸困难。另外，由于腹内压力增高，下肢静脉血液向心脏的回流也将受到影响。

2. 神经反射性影响

胃肠道管壁上有接受扩张刺激的拉长感受器，当胃肠道内气体膨胀程度较轻时，拉长感受器接受的刺激较弱，一般不会引起主观感觉，最多只有腹胀或轻微的腹痛。大约从 10 000 m 高度开始，由于气体膨胀程度较高，特别是在排气不通畅时，胃肠道也会被动地显著扩张，此时拉长感受器受到较强的刺激，引起胃肠道反射性的收缩和痉挛，从而导致不同程度的腹痛。如果胃肠道管壁的扩张已能反射性地引起呼吸、循环等机能改变时，则对飞行工作产生不良影响；如果腹痛严重时，个别敏感者还会出现一系列自主神经机能障碍的症状，如面色苍白、出冷汗、脉搏徐缓、动脉血压下降，以致发生血管迷走性晕厥，此时会严重危及飞行安全。

（四）高空胃肠胀气的预防

1. 保证密封增压座舱的良好功能状态

通常情况下，民航客机舱内压比舱外压高出 0.5 kg/cm$^2$，可减轻或消除胃肠胀气的影响。因此，在起飞前，应该经常检查座舱的加压密封设备，保证其处于良好的工作状态。

2. 自觉遵守生活作息和饮食卫生制度

注意饮食卫生，养成良好的饮食习惯。进食不宜太快，以免吞咽过多的气体；进餐要定时、定量，使胃肠活动机能保持正常，以利于消化而少产气；飞行人员进餐半小时后方可参加飞行。

3. 限制食用易产气及含纤维素多的食品

空勤人员在飞行期间，应限制食用易产气及含纤维素多的食品，如韭菜、芹菜、萝卜、扁豆、洋葱、洋白菜、黄豆芽等；禁饮能产气的饮料，如啤酒、汽水、大量的牛奶等；控制食用含脂肪多或油炸的食物，少吃刺激性食物。

4. 防治便秘

飞行前排空大小便，保持胃肠道功能良好。

**能力提升训练**

根据所学知识，谈谈高空减压病的症状及预防措施。

# 项目三  航空性疾病的预防

**学习目标**

了解常见航空性疾病（航空性中耳炎、航空性鼻窦炎、航空性牙疼）的发病机理，掌握航空性中耳炎、航空性鼻窦炎、航空性牙疼等常见航空性疾病的预防及处置措施。

**知识储备**

## 一、航空性中耳炎

### （一）航空性中耳炎的症状及发病机理

乘坐飞机时，有些人会出现一些不舒服的感觉，比如，耳内闷胀、听力下降耳痛或者耳鸣等，还有一些人会有眩晕、天旋地转，同时伴有恶心、呕吐等。医学上把这种现象称为航空性中耳炎。

要知道航空性中耳炎是怎么回事，首先还得从耳的解剖结构说起。耳由外耳、中耳和内耳 3 部分组成。在人的中耳与鼻咽部之间有一变形而狭窄的管道，称为耳咽管（又称咽鼓管）。耳咽管的一端开口在中耳腔的前壁，称耳咽管鼓口；另一端开口在鼻咽部的咽侧壁，称耳咽管咽口，近鼓室腔侧 1/3 为骨性支架，接近鼻咽侧 2/3 为软骨支架。中耳腔为一含气的空腔，外借鼓膜与外耳道相隔，内传耳咽管与赢咽部和，所以耳咽管是中耳腔与外界联系的唯一通道。耳咽管平常处于关闭状态，只有在一定条件下（如打哈欠，吞咽等）才开放，而且具有单向活门的特点。

耳咽管具有保持中耳腔与外界气压的平行和排除引流分泌物的功用。平时在耳咽管通气功能良好的情况下，当中耳腔内压力相对增高时可以冲开耳咽管逸出一部分气体，使中耳腔内外压力（也可以看作鼓膜内外压力）达到平衡。但当中耳腔压力相对降低时，外界气体不能冲开耳咽管进入中耳腔，此时就要靠做主动通气动作才能使空气进入中耳腔，使鼓膜内外压力达到平衡。

大气压力是随着海拔高度的增加而减低的。在航行中，飞机上升或降落时，座舱内的气压就发生相应的变化，含气腔的气体也就随之扩张或缩小。一般在耳咽管通气功能良好的情况下，当飞机升或降时，通过耳咽管的调节和人为地做主动通气动作，就可保持鼓膜内外压力平衡，此时仅有耳胀感或轻微的听力障碍，但不会造成耳郭损伤。如果中耳腔内外压不能迅速取得平衡，就会产生各种症候群，统称为气压损伤。伤及中耳腔的称为航空性中耳炎。若鼻咽部有炎性肿胀，或因肿大的腺体或肿物压迫而使耳咽管的开口堵塞，或当飞机升、降时未做主动通气动作等，就会因大气压增减的影响，造成鼓膜内外压力不平衡，导致鼓膜内降或外凸，乘飞机者便感到耳内疼痛，同时伴有耳鸣、眩晕、恶心、呕吐等症状，甚至会出现鼓膜出血。

航空性中耳炎是在气压急剧改变的特定环境中造成的损伤。其病理因素主要是上呼吸道感染、鼻腔的变态反应性病及其他慢性炎症。主要症状为鼓膜内陷、充血，鼓室内血管扩张，黏膜肿胀，浆液或血液聚积，产生剧烈耳痛，伴有听力障碍或耳鸣，严重时可发生鼓膜破裂或出现眩晕，引起失聪。临床上因航空性中耳炎而致停飞者占耳鼻喉科病停飞人数的 22.4%，占整个医学停飞人数的 2.2%，所占比例较高。因而该病的检查治疗备受医护人员重视，同时也对护理工作提出了较高的要求。

（二）导致航空性中耳炎发病的因素

1. 飞机的飞行高度

不同高度的大气层密度不同，越接近地面，密度越大，故当飞机下降率相同时，越接近地面，气压增加率越大。一般来说，中耳气压性损伤多发生在 4 000 m 以下，以 1 000 ~ 2 000 m 的高度为多。

2. 飞机的下滑率

单位时间内飞机下降的高度越大，鼓室内、外压差也越大，发生航空性中耳炎的概率越大，特别是在军事航空中做高速率、大下滑角的下滑和俯冲或特技飞行时更是如此。有增压座舱的飞机，在飞行中舱内压力的变化虽较舱外压力的变化缓和，但由于喷气式飞机的运动速度大，气压性损伤仍经常发生。在着陆下滑时，飞行人员注意力高度集中在操纵飞机上，特别是缺乏主动做咽鼓管通气动作训练的新飞行人员，较易发生中耳气压性损伤。

3. 上呼吸道感染

上呼吸道感染常引起咽鼓管咽口周围黏膜组织充血、水肿，从而影响咽鼓管的开放而导致气压性损伤。

（三）航空性中耳炎的预防

1. 调节鼓膜内外压力平衡

做吞咽动作，促使耳咽管主动通气，以调节鼓膜内外的压力平衡。飞机在飞行中，尤其在下降之时，每当耳有胀满感或听力稍受影响时，及时做吞咽口水，或捏鼻、闭口、吹张（鼓祛），或嚼糖果（泡泡糖、口香糖），或喝些饮料，可使耳咽管口短暂地开启，使中耳腔内的压力与外界气压保持相对平衡，从而可预防航空性中耳炎的发生。婴幼儿的耳咽管较短，且鼻腔部常有黏液阻塞，当飞机快速上升或突然下降，气压急剧变化时，对耳部的刺激更大，常因耳部疼痛不适而哭闹不安。所以，如果携带婴幼儿乘坐飞机，应准备好饮料和奶瓶，在飞机升降时，用奶瓶给婴幼儿喂饮料，若是稍大一些的孩子可教其做吞咽动作。如果因疏忽未带奶瓶或饮料，母亲可给婴幼儿哺乳或让其吃些食物。

2. 患有耳、鼻部炎症或感冒者暂勿乘机

患有鼻窦炎、中耳炎、耳咽管黏液阻塞等疾病的人，如果乘坐飞机旅行，则更容易发生航空性中耳炎。得了感冒，鼻咽部黏膜充血、水肿、分泌物增加，使耳咽管鼻咽侧壁的开口堵塞，有时即使尽力做吞咽动作，也不易使耳咽管开放，比较容易引起航空性中耳炎。因此，凡患有上述疾病而病情较重者，注意暂时不要乘坐飞机。曾经有一名乘坐飞机的旅客当时正患者重感冒，当飞机起飞后上升爬高时，他感到耳中轰轰直响，听力下降，然后是逐渐加重的耳胀耳痛。飞机着陆后，其鼓膜已穿孔。但如果患鼻炎或感冒等病的症状轻微则可以乘坐飞机旅行。不过，应在登机之前，使用萘甲唑啉（滴鼻净）以收缩血管，改善通气状况，并注意做吞咽动作，以防止炎症影响耳咽管或中耳，引起航空性中耳炎。

3. 航空性中耳炎的治疗措施

可用 1% ~ 2% 麻黄碱或 1% 快麻液点鼻，使耳咽管管口黏膜血管收缩，管口开放；然后做耳咽管吹张通气治疗（耳鼻喉科有此设备），以促使中耳腔内与外界气压恢复平衡；还需使用抗生素（如吡哌酸每次 0.5 g，每日 3 ~ 4 次口服）、激素（如泼尼松 5 ~ 10 mg，每日 3 次口服）等治疗。

需要注意的是，航空性中耳炎也可发生在乘坐火车旅行的过程中。我国铁路有相当一部分在落差很大的崇山峻岭或高原地区，有的路段在海拔 3 500 m 以上，随着列车运行速度的不断加快，在这样的区段行驶时，气压变化的幅度、速率都将会明显增加。车行此间时，有必要提醒乘客保持清醒状态，不断做吞咽动作，尤其是感冒患者，更应多加注意。

## 二、航空性鼻窦炎

### （一）航空性鼻窦炎的症状及发病机理

在飞行中，飞机上升或下降，使座舱内和鼻窦腔内气压急剧变化，造成鼻窦口阻塞，易引起剧烈头痛，这种症状被称为航空性鼻窦炎。

鼻窦是与鼻腔相近的含气空腔，左右对称，共有 4 对。正常情况下，无论在飞机上升减压或下降增压过程中，鼻窦向鼻腔的开口都可保证空气自由出入，使窦庭内、外气压保持平衡。如果因为窦腔黏膜发炎肿胀或有赘生物存在而造成阻塞，在飞机上升减压时，窦腔内形成正压，一般能冲开阻塞，使部分气体逸出，从而使窦腔内、外压力基本保持平衡，极少发生气压性损伤；当下降增压时，窦腔内形成负压，窦口附近的阻塞物被吸附，窦口发生阻塞，这时阻塞物起活瓣作用，外界气体不能进入窦腔内，会引起窦腔黏膜充血、水肿、液体渗出，黏膜剥离，甚至出血等，并产生疼痛，此即航空性鼻窦炎。航空性鼻窦炎一般多见于额窦，因为额窦含气量多，且与鼻腔相通的鼻额管细而长。上颌窦的含气量虽然比额窦还要多，但它与鼻腔的开口比额窦要多，而且呈短管形，所以很少发生损伤。筛窦含气量少而开口多，蝶窦的开口最多，故它们均不易发生损伤。航空性鼻窦炎与航空性中耳炎相比，其发病率要低得多。

## （二）航空性鼻窦炎的预防

上呼吸道感染患者严禁飞行；患有鼻及鼻窦的急、慢性疾病时，应及时去航医室就诊矫治；在飞机下降增压过程中，如果出现鼻窦区压痛，在条件许可的情况下，可复飞至原来的高度，然后再缓慢下降。

## 三、航空性牙痛

### （一）航空性牙痛的症状及发病机理

乘飞机高空飞行时，受到大气压力改变的影响，可能会引起牙痛，医学上称为航空性牙痛或气压性牙痛。这是一种由气压改变引起的牙髓疾病。

一般来说，只有牙病才会引起牙痛。但有时在陆地上虽有牙病却并不觉得疼痛，或只有很轻的症状，而在飞行过程中症状则会加重，疼痛加剧。有关研究发现，坐飞机发生气压性牙痛的人，大部分有轻度的牙髓病变而没有自觉症状。另外，牙根尖炎、深大的龋洞、重症牙本质过敏、阻生牙等疾病，在遇到气压改变时，也会产生明显的疼痛。龋齿继发牙髓损伤，牙腔内压力降低，残留气体膨胀，压迫血管，常是引起牙痛的主要原因。牙本质过敏、牙周炎、冠周炎等也可能引起航空性牙痛。

航空性牙痛多见于军事飞行人员，因为军用飞机飞行高度较高，气压变化大。疼痛特点是，以病牙为中心，向耳周围或颌骨处扩散。一般民航客机气压变化慢，旅客如果没有牙齿疾病（如龋齿、牙髓炎）及牙周疾病（如牙周炎、牙周脓肿），乘坐飞机时则不会发生航空性牙痛。

### （二）航空性牙痛的防治

空勤人员若患有龋齿，应及时去医院牙科就医。旅客一旦发生航空性牙痛，可以服用一些止痛药。患有深度龋齿、牙周脓肿及急性上颌窦炎的病人，最好等疾病治愈后再乘飞机出行。龋齿经过充填治疗后，牙髓敏感性更高，因此在补牙后 4 h 内最好不要乘飞机旅行。值得注意的是，原来没有牙痛症状者，如果出现气压性牙痛，最好到牙科做仔细检查。

**能力提升训练**

假设某航班有乘客突发航空性中耳炎，根据所学知识，简要叙述应该如何处理。

# 模块三　客舱救护基础

生命体征是指用来判断病人病情轻重和危急程度的指征，主要有心率、脉搏、血压、呼吸、疼痛、血氧、瞳孔和角膜反射的改变等。临床上把体温、脉搏呼吸和血压称作 4 大生命体征，它们是维持机体正常生命活动的支柱，缺一不可，不论哪项严重异常都是严重的甚至危及生命安全的疾病表现。因此，判断生命体征是正常还是异常的，是每个空中乘务员作为"第一目击者"进行施救时必须掌握的知识和技能。

# 项目一　体温测量

**学习目标**

了解常见体温测量工具；掌握体温测量方法以及能够根据测量结果进行初步判断。

**知识储备**

体温是指机体内部的温度，是机体不断进行新陈代谢的结果，同时又是机体功能活动正常进行的重要条件。人体能够在不同的环境温度中，通过对体内产热和散热过程的调节来保持体内温度的相对稳定，以适应环境温度的变化。临床上导致体温变化的疾病主要是各种感染性疾病。

## 一、体温计

体温计是测量体温用的器具，其种类较多，有电子体温计、红外线体温计和玻璃汞柱式体温计等。目前，临床上普遍采用的是玻璃汞柱式体温计，它的刻度范围是 35 ℃ ~ 42 ℃，每一小格代表 0.1 ℃。根据测量部位的不同，玻璃汞柱式体温计又分为腋表、口表和肛表 3 种，它们分别测量腋下、口腔和肛门的体温。肛表一般适用于婴幼儿，而成人一般使用腋表。

玻璃汞柱式体温计是一根真空毛细管外带有刻度的玻璃管，如图 3-1 所示。口表和肛表的玻璃管呈三棱镜状，腋表的玻璃管呈扁平状。玻璃管末端的球部装有水银，口表和腋表的球部较细长，有助于测温时扩大接触面；肛表的球部较粗短，可防止插入肛门时折断或损伤黏膜。体温计毛细管的下端和球部之间有一狭窄部分，使水银遇热膨胀后不能自动回缩，从而保证体温测试值的准确性。

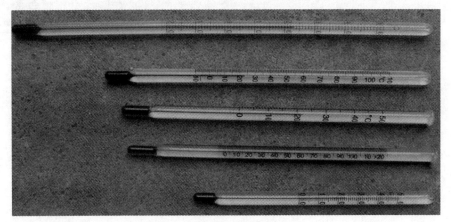

图 3-1　玻璃汞柱式体温计

## 二、体温的测量方法

在临床上，测量体温的方法通常有 3 种：口腔测温法、肛门测温法和腋下测温法。下面介绍最常见的腋下测温法。

在测量体温前，首先要检查体温计的汞柱是否在 35 ℃ 以下，如果超过这个刻度，就应轻轻甩几下，使汞柱降至 35 ℃ 以下。测量体温时，要先将腋窝皮肤的汗液擦干，然后将体温计水银头部放置于腋窝中间，使上臂紧贴于胸壁，将体温计夹紧。测量时间不能少于 5 min。读数时，要横持体温计并缓缓转动，取与眼等高的水平线位置看汞柱所指示的温度刻度。

## 三、体温的判断

正常人的腋下温度是 36 ℃～37.2 ℃，高于这个范围称为发热（俗称 "发烧"）。发热按程度不同可分为：低热——体温在 37.3 ℃～38 ℃；中热——体温在 38.1 ℃～39 ℃；高热——体温在 39.1 ℃～41 ℃；超高热——体温在 41 ℃ 以上。

此外，在生理状态下，人的体温并不是恒定不变的，在一天的 24 h 内也有波动，但一般相差不超过 1 ℃。一般的规律是：清晨略低，午后稍高；运动和进食后稍高；儿童稍高，老年人略低；妇女在月经前或妊娠中略高。

## 四、体温测量的注意事项

（1）测量前应将体温计的汞柱甩到 35 ℃ 以下，以免检测出的结果高于实际体温。

甩体温计时应位于宽敞处，或手置于胸前，运动幅度不宜过大，以免体温计与桌椅等发生碰撞而破损。

（2）测量前应将腋窝汗液擦干。

（3）消瘦、病情严重及有意识障碍的病人可能不能将体温计夹紧，导致体温计的汞柱没有上升到实际高度，以致检查结果低于病人的实际体温。

（4）体温计附近有影响局部体温的冷热物体，如冰袋、热水袋等，也会影响体温的测量结果。

（5）在进食、饮水、剧烈运动等情况下，须休息 30 ~ 60 min 后再测量，以免影响测量结果。

（6）测量时间一般为 5 ~ 10 min，不宜过长或过短。

### 能力提升训练

选择 2 种不同类型的体温计测量自身体温并记录下来，比较 2 种体温计测量结果的差异并分析可能的原因。

# 项目二　脉搏测量

### 学习目标

掌握脉搏测量方法以及能够根据测量结果对身体状况进行初步判断。

### 知识储备

脉搏是指由检查腕部或其他部位的动脉搏动而数得的每分钟心跳次数，以"次/分钟"的形式记录。正常情况下，脉搏的次数与心跳的次数一致，节律均匀，间隔相等。脉搏常常能反映机体循环功能的状况，同时，各种生理或病理情况导致的循环功能改变也常常会在脉搏的变化上得以体现。

## 一、脉搏的测量方法

脉搏测量主要用触诊，可选择桡动脉、肱动脉、股动脉、颈动脉及足背动脉。一般选用桡动脉进行测量。先让被测试者安静休息 5 ~ 10 min，手平放在适当位置，坐卧均可。检查者将左手食指、中指、无名指并齐按在被测量者右手脱段的桡列脉得动处，即于腕掌侧外面（又叫桡侧）、腕屈肌腱外侧、桡骨茎突内侧，如图 3-2 所示。按压的轻重以能感到清楚的动脉搏动为宜。如果脉搏整齐，可以数 15 s 的搏动数，再乘以 4 即得 1 min

的脉搏次数。如果脉搏不整齐，则需要数 1 min 的搏动次数。当桡动脉不便测量或测不出的时候，也可采用以下动脉进行测量：

（1）颈动脉：位于气管与胸锁乳突肌之间。

（2）肱动脉：位于肘窝肘横纹线上内 1/3 处。

（3）股动脉：大腿上端，腹股沟中点稍下方的一个强大的搏动点。

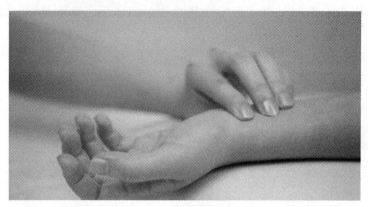

图 3-2　脉搏测量

## 二、脉搏的判断

正常人每分钟脉搏次数与心跳一致，为 60～100 次/ min。不同性别、年龄的人略有差异，一般来说，女性比男性稍快，小孩比老年人稍快。

### （一）心动过速

每分钟脉搏次数超过 100 次叫作心动过速。

（1）生理情况：见于情绪激动、紧张、剧烈体力活动（如跑步、爬山、爬楼梯、扛重物等）、气候炎热、饭后和酒后等。

（2）病理情况：见于发热、贫血、心力衰竭、心律失常、休克和甲状腺功能亢进等。发热时脉搏会加快，一般体温每升高 1 ℃，脉搏会增加 10～20 次/min。但伤寒病人例外，虽然体温很高，但脉搏并不加快，即所谓的相对缓脉。

### （二）心动过缓

每分钟脉搏次数低于 60 次叫作心动过缓，常见于某些心脏病患者（如病态窦房结综合征）、颅内压增高、阻塞性黄疸和甲状腺功能减退等。但经常进行体育锻炼者（特别是长跑运动员）每分钟脉搏次数也常常低于 60 次，主要原因是心脏储备增加，每搏输出量较大。

### （三）脉搏消失

脉搏消失是指不能触到脉搏，多见于重度休克、多发性大动脉炎、闭塞性脉管炎和重度昏迷病人等。

### 三、脉搏测量的注意事项

（1）测量前，先让病人安静休息一会儿，避免活动和过度兴奋而影响脉搏测量的准确性。

（2）脉搏计数时，不仅要测定每分钟的次数，还要注意脉搏的节律、弹性和强弱。正常人动脉搏动的节奏是均匀的，如果忽快忽慢，或时有时无，则称为心律失常。如果经常出现这种情况，应去医院做进一步的检查和治疗。正常人脉搏有力而富有弹性，很容易在手腕掌面外氮搏动的桡动脉上摸到，有些疾病如高血压、动脉硬化等，脉搏强而硬，且没有弹性。如果病人有大出血或病情严重时，脉搏会很虚弱，甚至摸不到。

**能力提升训练**

在运动后和身体平静 2 种状态下测量自身脉搏并记录下来，比较 2 种测量结果的差异值并分析可能的原因。

# 项目三　呼吸测量

**学习目标**

掌握呼吸测量方法以及能够根据测量结果对身体状况进行初步判断。

**知识储备**

呼吸是人体与环境之间进行气体交换的过程，人体通过呼吸，吸入氧气，呼出二氧化碳，以维持生命。呼吸是人体重要的生命活动，一刻也不能停止，但有时也会因为各种生理或病理原因而改变，如某些血液因素（如高碳酸血症）可直接抑制呼吸中枢，使呼吸变浅；低氧血症可兴奋颈动脉窦和主动脉体化学感受器，使呼吸变快。所以正确测量病人的呼吸，对于了解其身体的功能状况，并指导急救有着十分重要的意义。

正常人的呼吸有 2 种方式，即胸式呼吸和腹式呼吸。以胸廓起伏运动为主的呼吸为胸式呼吸，多见于正常女性和年轻人，也可见于腹膜炎患者和一些急腹症患者；以腹部运动为主的呼吸为腹式呼吸，多见于正常男性和儿童，也可见于胸膜炎患者。但不管性别和年龄如何，这 2 种呼吸运动在每一个人身上均会不同程度的同时存在。

### 一、呼吸频率的测量方法

呼吸频率是急性呼吸功能障碍的敏感指标，因此，测定呼吸频率在临床上有重要的意义。测定呼吸频率的方法，实际上就是记录每分钟的呼吸次数。

（1）观察病人胸部或腹部的起伏次数，一吸一呼为一次，计数时间为 1 min。

（2）当昏迷或小儿病患呼吸微弱不易观察时，可将少许棉花置于病人鼻孔前，观察棉花被吹动的次数，计数时间为 1 min。

## 二、呼吸的判断

### （一）正常呼吸

正常成人静息状态下呼吸的频率为 16 ~ 20 次/min，节奏均匀，如图 3-3 所示。儿童呼吸的频率较快，为 30 ~ 40 次/min，但随年龄的增长而减慢，逐渐达到成人的水平。

图 3-3　正常呼吸节律

### （二）异常呼吸

很多疾病可导致呼吸频率、深度和节律的改变。

1. 呼吸增快

呼吸增快指每分钟呼吸次数超过 24 次。生理情况见于情绪激动、运动、进食和气温升高等。疾病状态见于高热、缺氧、疼痛、肺炎、哮喘、心力衰竭、贫血和甲状腺功能亢进等。一般体温每升高 1℃，呼吸频率大约增加 4 次/min。

2. 呼吸减慢

呼吸减慢指每分钟呼吸次数不到 10 次，主要见于疾病状态，如颅内压增高、麻醉剂、镇静剂使用过量和胸膜炎等。

3. 呼吸节律异常

呼吸节律异常主要包括潮式呼吸和间断呼吸两种。

潮式呼吸是一种周期性呼吸节律异常。其周期为 30 s ~ 2 min。潮式呼吸的特点：开始呼吸浅慢，以后逐渐加深加快，达到高峰值后又逐渐变浅变慢，接着是呼吸暂停，5 ~ 30 s 后又再次重复上述状态的呼吸，如此周而复始。由于其呼吸运动如潮水涨落，故称之为潮式呼吸，如图 3-4 所示。

图 3-4　潮式呼吸

间断呼吸是一种表现为呼吸和呼吸暂停现象交替出现的呼吸节律异常。间断呼吸的特点：有规律地呼吸几次后，突然暂停呼吸，其周期长短不同，随后又开始呼吸，如此反复交替，如图 3-5 所示。

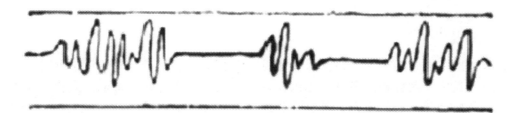

图 3-5　间断呼吸

潮式呼吸和间断呼吸多发生于中枢神经系统疾病（如脑炎、脑膜炎和脑出血）、严重心脏病和尿毒症晚期等。间断呼吸比潮式呼吸更为严重，预后多不良，常在临终前发生。

4. 呼吸困难

病人主观上感到空气不足，呼吸费力；客观上可见呼吸用力、张口抬肩，鼻翼扇动，辅助呼吸肌参加呼吸运动，呼吸频率、深度和节律也有所改变，可能出现紫绀。常见于肺部疾病、循环系统疾病、高原反应以及窒息性毒剂中毒等。

## 三、呼吸测量的注意事项

（1）呼吸的快慢和情绪是否紧张有很大的关系，所以在测量呼吸前，应该让病人安静休息一段时间，并尽量不要和病人说话，让病人在自然状态下呼吸。呼吸频率的测量可选择在测量脉搏之前或之后进行，检查者可以保持测量脉搏的姿势，即手按在病人手腕处，以转移其注意力，避免因紧张而影响检查结果。

（2）在测量呼吸次数的同时，应注意观察呼吸的节律、深度及气味等变化。如出现呼吸停止，应当立即施行口对口人工呼吸进行抢救。

（3）一旦出现呼吸节律异常或点头呼吸、鼻翼扇动等现象，表明病情严重，应尽快在机上广播寻找医生，并报告机长与地面联系准备抢救事宜。

**能力提升训练**

常见的呼吸频率的测量方法有哪些？在测量的过程应该注意哪些问题？

# 项目四  血压测量

**学习目标**

掌握血压测量方法以及能够根据测量结果对身体状况进行初步判断。

**知识储备**

血压是指在血管内流动的血液对血管壁的侧压力。机体内各种不同的血管，其血压是不同的，其中，动脉血压最高，毛细血管血压次之，静脉血压最低。我们平常所说的血压一般是指动脉血压。由于心脏交替收缩和舒张，血压也随之波动。当心脏收缩时，血液射入主动脉，血压最高，称为收缩压；当心脏舒张时，压力降至最低，称为舒张压。收缩压与舒张压之间的压力差称为脉压。

## 一、血压的测量方法

### （一）水银血压计测量

（1）让被测量者坐在有靠背的椅子上，充分暴露右上臂，伸直肘部，手掌向上。

（2）放平血压计，打开盒盖呈 90°垂直位置。将袖带平整无褶地缠于上臂，袖带气囊部分对准肱动脉，袖带下缘应距肘窝横纹 2~3 cm，松紧以能放入一指为宜。打开水银槽开关。

（3）戴好听诊器，在肘窝内侧处摸到肱动脉搏动点，将听诊器胸件薄膜面置于肘窝肱动脉上，轻压听诊器胸件使之与皮肤紧密接触，但不可压得太重；用左手固定听诊器胸件，右手打开血压计气门的螺旋帽，握住输气球向袖带内边充气边听诊，如图 3-6 所示。待气囊内压力达到使肱动脉搏动音消失的水平后（此时袖带内的压力大于心脏收缩时的血压，动脉血流被阻断，无血流通过），继续充气使之再升高 20~30 mmHg（1 mmHg = 0.133 kPa），然后开始缓慢放气，使汞柱以恒定的速度下降（2~5 mmHg/s），两眼平视汞柱所指的刻度。当袖带内压力下降到和心脏收缩时的血压相等时，血液即能在心脏收缩时通过被压迫的血管，从听诊器中能听到第一声搏动音（柯氏音第 I 时相，第一音），此时血压计汞柱上所对应的刻度，即为收缩压；随后搏动声继续存在并增大，当袖带内压力逐渐降至与心脏舒张时血压相等时，搏动音突然消失（柯氏音第 IV 时相，消失音），此时血压计汞柱所对应的刻度为舒张压。

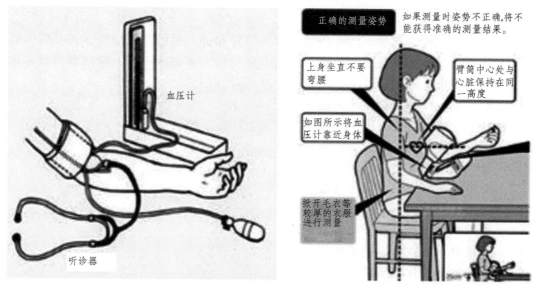

图 3-6　血压的测量

（4）测量完毕，排出带内余气，拧紧血压计气门的螺旋帽，整理袖带放回盒内，将血压计向水银槽倾斜 45°时关闭水银槽开关（防止水银倒流）。

## （二）电子血压计测量

电子血压计是利用现代电子技术与血压间接测量原理进行血压测量的医疗设备。电子血压计有腕式、臂式、手表式之分；其技术经历了最原始的第一代（机械式定速排气阀）、第二代（电子伺服阀）、第三代（加压同步测量）及第四代（集成气路）的发展。电子血压计通常由阻塞袖带、传感器、充气泵、测量电路组成，采用示波法、柯式音法或类似的无创血压间接测量原理进行血压测量。

### 1. 腕式电子血压计

腕式电子血压计只有手掌大小，外形与手腕间隙更小，采用抗菌材料制作，数字显示血压及脉搏数。手腕式血压计由于所测的压力值为腕动脉"脉搏压力值"，对于大多数中、老年人，特别是血液黏稠度高者、微循环不佳者、血管硬化症患者等较特殊的人群，用手腕式血压计与用上臂式血压计多次测量的平均值之间会有较大的差别，相差 ±1.3 kPa（10 mmHg）以上是很常见的。所以，对于已购有手腕式血压计的个人来说，建议用作个人监测，可随时掌握自己的血压变化情况，但要明确，它所测的不是习惯上所说的"血压值"，而是"腕部脉搏压力值"。

使用注意事项：

（1）测量前安静休息片刻，以消除紧张、劳累对血压的影响。

（2）被检查者手臂应与心脏位置同高。

（3）袖带放置平展，松紧度以插入 2 个手指为宜。

（4）一般连测 2～3 次即可，取其最低值作为本次血压的数据。

2. 臂式电子血压计

臂式电子血压计的测量方法与传统水银血压计相近，测的是肱动脉，因其臂带放至上臂，其测量稳定性优于腕式血压计，更适合年纪较大、心律不齐、糖尿病引起末梢血管老化等患者使用，缺点是没有手腕式电子血压计方便。

臂式电子血压计的正确使用方法：

（1）静坐数分钟，将手臂穿入臂带并绑定。

（2）裸露手臂或仅穿薄衣进行测量。

（3）臂带捆绑力度适中，以能放进一根手指为宜。

（4）臂带中心与心脏在同一高度。

（5）臂带下方距肘关节 1~2 cm。

（6）按用户键，即自动开始测量。

（7）测量时手掌放松，手掌向上。

（8）测量过程中保持平静，身体放松。

（9）勿在测量过程中说话，移动身体。

（10）结果显示，手动关机或自动关机。

（11）测量完成后，显示血压值、脉搏值。

（12）如特殊情况，将出现心律不齐提示。

（13）测量完成后按任意键关机。如忘记关机，血压计会在 60 s 后自动关机。

3. 手表式血压计

手表式血压计是一种尺寸上与普通手表相当，可以像手表一样长期持续佩戴于手腕的电子血压计。尤其要注意的是，不能将腕式血压计当作手表式血压计。

手表式血压计从原理上可以分为以下几类：

（1）示波法手表式血压计。

示波法手表式血压计是主流电子血压计，现已有示波法手表式血压计通过 CFDA、MedicalCE 注册。

（2）张力法手表式血压计。

张力法也叫动脉张力法，是一种全新的血压测量方法，理论成熟。在 20 世纪 60 年代，Pressman 等人率先提出了基于动脉张力法的无创连续血压测量方法。

（3）光电-心电法（PPG-ECG）血压跟踪手表。

光电-心电法（PPG-ECG）血压测量是一种使用听诊法或示波法测量血压，并以此测量所得的血压值为基础，使用光电-心电法（PPG-ECG）传感器测量脉搏波的 PWV 或 PWTT 从而推算连续血压的方法。

光电-心电法（PPG-ECG）血压跟踪手表是这种连续血压测量方法中的一部分设备，需要使用听诊法或示波法测量血压进行定期（不超过 24 h）标定（或叫校准）。

## 二、血压的记录格式

血压的记录采用数学分数式的格式，即收缩压/舒张压，如 120/80 mmHg。若口述血压数值时，应先读收缩压，后读舒张压，以上血压读为：120、80 mmHg。

## 三、血压值的判断

血压值的判断如表 3-1 所示。

表 3-1　血压水平的定义和分类

| 类别 | 收缩压/mmHg | 舒张压/mmHg |
|---|---|---|
| 理想血压 | <120 | <80 |
| 正常血压 | 120～129 | 80～84 |
| 正常高值 | 130～139 | 85～89 |
| 高血压 | ≥140 | ≥90 |

血压升高：常见于高血压、肾炎、肾上腺髓质肿瘤、妊娠中毒、颅内压增高等；甲状腺功能亢进或主动脉瓣关闭不全，主要表现为收缩压增高。

血压降低：常见于心包积液、休克、甲状腺功能减退和心衰等。

脉压差异常：正常成人脉压为 30～40 mmHg。脉压增大，见于主动脉瓣关闭不全、动脉硬化、甲亢和贫血等；脉压缩小，见于低血压、心包积液、心衰和严重二尖瓣狭窄等。

## 四、血压测量的注意事项

（1）测量血压的环境应安静、温度适宜。被测量者在测量前半小时不要吸烟，不要饮浓茶或咖啡，排空小便。被测量者至少安静休息 5 min，以消除劳累或缓解紧张情绪，以免影响血压的测定结果。

（2）被测量者最好坐下，充分暴露右上臂：心脏、肱动脉和血压计的"0"点应在同一水平位上。

（3）将袖带紧贴并缚在被测者上臂，袖带的大小适合被测量者的上臂臂围，至少覆盖上臂臂围的 2/3；袖带下缘应在肘窝横纹上 2～3 cm；将听诊器胸件置于肘窝肱动脉处，并不得与袖带接触，更不可塞在袖带底下。

（4）测量时应均匀、快速地充气，然后缓慢放气。12 岁以下儿童、妊娠妇女、严重贫血、甲状腺功能亢进、主动脉瓣关闭不全及柯氏音不消失者，以柯氏音第 IV 时相（变音）读数作为舒张压读数。取得舒张压读数后，快速放气至零（0）水平。

（5）为减少误差，血压的测定应间隔 1～2 min 重复测量，取 2 次读数的平均值记录。如果收缩压或舒张压两次读数相差 5 mmHg 以上，应再次测量，以 3 次读数的平均值作为测量结果。

## 五、影响血压的因素

正常人群的血压每天会在一个较小的范围内波动，保持相对恒定。常见的影响血压的因素如下：

（1）年龄和性别因素。血压随着年龄的增长而升高，新生儿最低，小孩次之，成人最高；中年之前女性血压常比男性偏低，中年以后两性差别不明显。

（2）疲劳和睡眠因素。过度劳累或睡眠不佳时，血压稍有升高。

（3）环境因素。寒冷刺激会使血压升高，高温环境中血压会下降。

（4）精神因素。紧张、恐惧、害怕、兴奋等情绪状态下，收缩压会升高，但舒张压变化不明显。此外，饮食、吸烟、饮酒等也会影响血压值。

（5）其他因素。一般来说，右上肢的血压略高于左上肢的血压，这是因为右侧肱动脉来自主动脉弓的第一大分支无名动脉，而左侧肱动脉来自主动脉弓的第三大分支左锁骨下动脉，而左侧肱动脉与心脏的距离比右侧远，能量有所消耗，所测得的血压值可能低 5 ~ 10 mmHg。下肢的血压要比上肢高 20 ~ 40 mmHg，这是由于股动脉的管壁较肱动脉粗、血流量较肱动脉多的缘故。现在国内外的血压标准都是以右上臂测定的血压值为基础制定的。

**能力提升训练**

用血压计测量周围某一位同学的血压并将血压值记录下来，通过测量结果判断其血压状况并分析原因。

# 项目五  意识障碍判断

**学习目标**

了解意识障碍的原因与表现形式，掌握机上意识障碍的快速检查程序。

**知识储备**

意识是大脑功能活动的综合表现，是指人们对自身和周围环境的感知状态，可通过言语及行为来表达。正常人意识清晰，定向力正常，感觉敏锐精确，思维和情感活动正常，语言流畅、准确，表达能力良好。

意识障碍是由多种原因引起的一种严重的脑功能紊乱，为临床常见症状之一，是指人们对周围环境以及自身状态的识别和觉察能力出现障碍。意识障碍有 2 种：一种是以兴奋性降低为特点，表现为嗜睡、意识模糊、昏睡甚至昏迷；另一种是以兴奋性增高为特点，表现为高级中枢急性活动失调的状态，包括意识模糊、定向力丧失、感觉错乱、躁动不安、言语杂乱等。

## 一、意识障碍产生的原因

意识障碍均见于疾病状态。

### （一）颅内疾病

**1. 局限性病变**

（1）脑血管病：脑出血、脑梗死、短暂性脑缺血发作等。

（2）颅内占位性病变：原发性或转移性颅内肿瘤、脑脓肿、脑肉芽肿、脑寄生虫囊肿等。

（3）颅脑外伤：脑挫裂伤、颅内血肿等。

**2. 脑弥漫性病变**

（1）颅内感染性疾病：各种脑炎、脑膜炎、蛛网膜炎、室管膜炎、颅内静脉窦感染等。

（2）弥漫性颅脑损伤。

（3）蛛网膜下腔出血。

（4）脑水肿。

（5）脑变性及脱髓鞘性病变。

**3. 癫痫发作**

癫痫是多种原因导致的脑部神经元高度同步化异常放电所致的临床综合征，临床表现多种多样，如感觉、运动、自主神经、意识、情感、记忆、认知及行为等障碍。

### （二）全身性疾病

（1）急性感染性疾病：各种败血症、感染中毒性脑病等。

（2）内分泌与代谢性疾病：如肝性脑病、肾性脑病、肺性脑病、糖尿病性昏迷、黏液水肿性昏迷、垂体危象、甲状腺危象、肾上腺皮质功能减退性昏迷、乳酸酸中毒等。

（3）外源性中毒：包括工业毒物、药物、农药、植物或动物类中毒等。

（4）缺乏正常代谢物质：

① 缺氧（脑血流正常）。血氧分压正常而含氧量降低者有一氧化碳中毒、严重贫血及变性血红蛋白血症等；血氧分压及含氧量均降低者有肺部疾病、窒息及高山病等。

② 缺血（脑血流量降低）。见于心排血量减少的各种心律失常、心力衰竭、心脏停搏、心肌梗死；脑血管阻力增加的高血压脑病、血液黏滞度增高；血压降低，如各种休克等。

③ 低血糖。如胰岛素瘤、严重肝脏疾病、胃切除术后、胰岛素注射过量及饥饿等。

（5）水、电解质平衡紊乱。

（6）物理性损害：如日射病、热射病、电击伤和溺水等。

## 二、意识障碍的分类

### （一）根据发病原因划分

根据发病原因的不同，意识障碍可以分为以觉醒状态改变为主的意识障碍和以意识内容改变为主的意识障碍。

**1. 以觉醒状态改变为主的意识障碍**

以觉醒状态改变为主的意识障碍多为累及觉醒（arousal），即由意识的"开关"系统所致，可分为以下4类：

（1）嗜睡（drowsiness）：对周围事物不主动关心、无兴趣，表现为持续性睡眠状态，但可唤醒，唤醒后回答问题正确，但停止呼唤后又立即进入睡眠状态。

（2）昏睡（stupor）：患者的觉醒水平、意识内容和随意运动均明显降低。呼唤或推动患者肢体不能使其觉醒。对痛觉刺激可有较强反应并能短暂觉醒，但不能正确回答问题。

（3）意识模糊（clouding of consciousness）：属于轻度意识障碍，主要表现为觉醒与认识功能方面障碍以及嗜睡，眼球活动及眨眼减少，注意力不集中，思维迟钝且不清晰。

（4）昏迷（coma）：意识障碍中最严重的一个等级，但昏迷的深浅与疾病严重程度有关。深昏迷时觉醒状态、

意识内容以及随意运动严重丧失，可引出巴彬斯基氏征，此时可出现大小便潴留或失禁。

**2. 以意识内容改变为主的意识障碍**

以意识内容改变为主的意识障碍多属于大脑皮质病损或抑制所致，可分为以下2类：

（1）谵妄状态（delirium）：又称为急性神经性错乱状态，表现为意识清晰度降低，对客观环境的意识能力及反应能力均有轻度下降，注意力涣散，记忆力减退，对周围环境理解和判断失常，常产生错觉或幻觉，多伴有紧张、恐惧的情绪。

（2）醒状昏迷（vigil coma）：属于特殊类型的意识障碍，表现为双目睁开，眼睑开闭自如，但思维、情感、记忆、意识及语言活动均完全消失，对外界环境不能理解，毫无反应，肢体无自主运动，呈现意识内容消失。

### （二）根据严重程度划分

根据严重程度的不同，意识障碍可以分为嗜睡、昏睡和昏迷。临床上主要是给予言语和各种刺激，观察患者的反应加以判断。如与之对话、嘱其执行有目的的动作、直呼其姓名、推摇其肩臂、压迫眶上切迹和针刺皮肤等。

（1）嗜睡：程度最浅的一种意识障碍，患者经常处于睡眠状态，给予较轻微的刺激即可被唤醒，醒后意识活动接近正常，但对周围环境的鉴别能力较差，反应迟钝，刺激停止后又复入睡。

（2）昏睡（混浊）：较嗜睡程度更深的意识障碍，表现为意识范围明显缩小，精神活动极迟钝，对较强刺激有反应，不易唤醒，醒时睁眼，但缺乏表情，对反复问话仅能做简单的回答，回答时含混不清，常答非所问，各种反射活动存在。

（3）昏迷：意识活动丧失，对外界各种刺激或自身内部的需要不能感知，可有无意识的活动，给予任何刺激均不能被唤醒。

昏迷按刺激反应及反射活动等可分3度：

① 浅昏迷：随意活动消失，对疼痛刺激有反应，各种生理反射（吞咽、咳嗽、角膜反射、瞳孔对光反射等）存在，体温、脉搏、呼吸多无明显改变，可伴谵妄或躁动。

② 深昏迷：随意活动完全消失，对各种刺激皆无反应，各种生理反射消失，可有呼吸不规则、血压下降、大小便失禁、全身肌肉松弛、去大脑强直等。

③ 极度昏迷：又称脑死亡，病人处于濒死状态，无自主呼吸，各种反射消失，脑电图呈病理性电静息，脑功能丧失持续在24 h以上，排除了药物因素的影响。

## 三、机上意识障碍的快速检查程序

意识障碍的判断，可以通过语言应答、唤醒、疼痛刺激和各种反射活动（包括吞咽反射、对光反射、角膜反射和瞳孔大小等）等检查来确定。机上急救时，意识障碍的快速检查可以按照图3-7所示程序来进行。其中，反映脑干功能的各种反射，如果有医生乘客在场时可以由医生乘客进行，没有医生乘客在场时则不做。

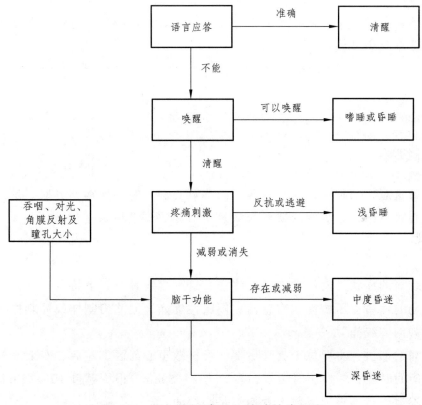

图3-7 机上意识障碍的快速检查程序

能力提升训练

假设某航班上一位旅客突然昏迷，请根据所学知识判断处置，并将处置流程写出来。

# 模块四  可导致航班返航或备降的
紧急医学事件处置

## 项目一  一般紧急医学事件处置

**知识储备**

### 一、心绞痛

　　心绞痛属于冠状动脉硬化性心脏病（简称冠心病）的一种常见类型，是由冠状动脉供血不足，心肌急剧的、短暂的缺血与缺氧所引起的一组临床综合征。

（一）临床表现

　　典型心绞痛的症状是发作性胸骨后疼痛，这种疼痛具有以下特点：

　　（1）疼痛的性质：压榨性、窒息性、闷胀性疼痛，而非刀割样或针刺样痛，更不是通常人们认为的"绞痛"。

　　（2）疼痛的部位：主要位于胸骨后部，可扩散至心前区、左肩、左上肢等部位。

　　（3）疼痛的时限：疼痛历时短暂，多数为 3~5 min，很少超过 10~15 min。疼痛持续仅数秒，不适感持续整天或数天者均不是心绞痛。

　　（4）诱发因素：以体力劳累为主，其次为情绪激动。如上楼、快步走、饱餐后步行、用力大便、暴露于寒冷环境、身体其他部位的疼痛，以及恐怖、紧张、生气、烦恼等情绪变化，均可诱发心绞痛。

　　（5）缓解因素：舌下含服硝酸甘油片后，疼痛大多可迅速缓解。

（二）机上急救要点

（1）让病人立刻停止一切活动。帮助患者松开紧身的衣物，安排相邻乘客到其他座位，以腾出足够的空间让患者安静地卧位休息。

（2）安慰患者，告诉患者我们所能提供的救治措施是有效的，以消除病人的紧张情绪。

（3）尽快给患者吸氧。

（4）打开应急医疗箱，立即使用硝酸甘油片。硝酸甘油片成人一次用 0.25～0.5 mg（1 片）舌下含服。每 5 min 可重复 1 片，直至疼痛缓解。如果 15 min 内总量达 3 片后疼痛持续存在，不应继续给药。或帮助患者使用自备的药物，如速效救心丸等。

（5）密切观察患者病情变化，如出现心跳、呼吸停止，应立即进行心肺复苏术。

**案例速递：**

随着人们生活水平的提高，饮食结构的变化，生活节率的改变，冠心病患者呈现逐渐增多的趋势。在航空领域，约有 9.4%的飞行事故与冠心病有关。在 20 世纪 90 年代以前，受医疗水平的限制，如果飞行员一旦被确诊患了冠心病，那么面临的将是永久性停飞。即使是医学飞速发展的今天，航医们也仅仅只能让轻度冠脉狭窄且无症状的飞行员进行双机组飞行。

2001 年 3 月 13 日，一位冠心病患者虽觉不适，但仍然登上了由海口飞往北京的飞机，造成在飞机上猝死的意外结局，让人叹息。那么，普通患有冠心病的旅客应该如何选择乘坐民航班机呢？

航医们认为，心绞痛发作期患者，心肌梗死后 1 个月以内患者，心血管手术或介入治疗及冠脉造影检查术后恢复期患者，不稳定型心绞痛、频发心率失常、心肌纤维化患者，以及伴有其他危重疾病的患者，是不适于乘坐飞机旅行的。因此，对于欲乘坐飞机的冠心病患者，应该征询医师的意见，并征得其同意。

正确地自我评估病情是十分必要的。如果在登机前突然发生心前区疼痛不适、心慌、胸闷等心绞痛症状，甚至出现胸前区疼痛十分剧烈，呈现压榨性、闷胀性或窒息性疼痛，向周围放射，出现呼吸困难，甚或有濒死感等心肌梗死症状时，最好取消飞行，立即服用药品并就医。

同时，在旅行前，为旅途做好充分准备是十分必要的。首先是了解掌握自己心绞痛的发生规律及发作时的治疗用药，必须熟练掌握硝酸甘油片、亚硝酸异戊酯的服用和使用方法，要将药品放在随手可取出并使用的位置。其次是在登机前必须保持良好的精神状态，拥有良好、充足的睡眠，以及轻松愉快的心情。再次要注意必须保持大小便通畅。可以在医生的指导下进行降低血液黏度、血脂等防止心肌梗死等危险情况发生的有效措施。在急救药盒内配备病情和药品使用卡片，不失为良好的选择。最后，出行最好能有亲友陪同，如果他能熟知你的病情并能给予帮助，那是最好的。

在乘机时，最好将病情告知机组人员，请其注意观察自己，必要时给予帮助。在飞机起飞前，应注意听乘务员讲解氧气面罩的使用和呼叫的方法，注意系好安全带，保持良好的坐姿。在飞机起飞前，可酌情服用一点镇静剂。在飞行中应保持轻松愉快的心情，即使在飞机遭遇气流发生颠簸时，也应保持平静，并做深呼吸。如感觉心前区疼痛不适，心偏、胸闷时，可根据平常的经验采取含服硝酸甘油片等措施，并请求援助。如疼痛十分剧烈，呈现压榨性、闷胀性或窒息性疼痛，向周围放射，出现呼吸困难，甚或有濒死感，疼痛不为硝酸甘油类药物所缓解时，应立即请求紧急援助，必要时机组会采取紧急措施。另外，患者尚需注意来自腹部、下颌、颈部或背部的疼痛，以及全身的发热、恶心、呕吐和腹胀等症状，这些症状常常是心肌梗死的征兆，注意其特点和规律，如在机上出现这些症状切不可大意。

## 二、脑血管意外

脑血管意外又称中风、卒中，其起病急、病死和病残率高。它主要指供应脑组织的血管发生出血或栓塞而导致的疾病，包括脑出血和脑血栓形成2种，主要表现为感觉障碍、运动障碍和语言表达障碍（失去语言功能或者吐字不清）等症状。

中风的危害很大，中风后几分钟就可以引起大脑的损害，如果治疗不及时，有的病人即使存活下来，也可能留下严重的残疾，使生活质量大大降低；严重时病人可能会很快死亡。

（一）临床表现

根据病变部位、范围和程度的不同，脑血管意外可能出现以下一项或几项表现：

（1）头痛、呕吐：两者常常同时出现，多见于脑出血，由颅内高压所致。

（2）意识障碍：程度不一，轻者仅表现为意识恍惚、嗜睡或昏睡，严重者可以出现昏迷。

（3）感觉障碍：肢体无力或麻木，面部、上肢或下肢的感觉异常，如有蚁行感或镇痛等。

（4）运动障碍：典型的表现是单侧上肢或下肢活动不灵活，不能提举重物，易摔跤；严重者可能出现偏瘫。

（5）语言表达障碍：表现为病人说话不清，吐词困难，甚至说不出话来。

（6）其他表现：口角歪斜、流口水或食物从口角流出；喝水或吞咽时出现呛咳；视觉障碍，单侧眼视物不清；理解能力下降，或突然记忆力减退；平衡功能失调，站立不稳等。

（二）机上急救要点

脑血管意外急救的目的是保住患者的生命，降低患者失语、偏瘫等残疾率。飞行途中，如发现有乘客摔倒在地、昏迷、呕吐、肢体不能动弹，应首先怀疑是中风，如果同伴乘客证实该乘客患有高血压时，更应怀疑中风，应立即按下列原则进行急救：

（1）让病人去枕平卧。应将昏迷病人的头部侧向一边，保持呼吸道通畅，以防止误吸呕吐物而造成窒息。

（2）对摔倒在地的病人，应就近移至易于处置的、宽敞的座位上，以便于急救。移动病人时，应由一人托住头部，并与身体保持水平的位置。检查有无创伤，对出血者应给予包扎。

（3）保持安静。

（4）给病人吸氧。血压显著升高但意识清醒者，可给予口服降血压药。

（5）密切观察病人病情变化，如果出现呼吸、心跳停止，应立即行心肺复苏术。

---

**案例速递：**

2017年11月24日，一架由北京经停南京前往悉尼的飞机上，一名旅客突发急病陷入昏迷，机组立即启动应急预案，在空中放掉17 t燃油，安全备降塞班岛。该旅客最终转危为安。

当日，航班于19点40分从南京起飞前往悉尼。进入平飞状态后，21点25分，正在巡舱的乘务员听到坐在70D座位的女性旅客的呼唤，得知70F座的周姓男旅客突然无意识、出冷汗、呼吸微弱。乘务员立即将此情况向航班客舱经理和机长汇报，并启动应急预案，通过机上广播寻找医生帮助处置。

在该班飞机上，恰好有一名旅客是医生。在医生的协助下，乘务组向同行旅客询问得知，周先生有脑溢血病史。而医生反复尝试，一直测量不到周先生的血压，同时，周先生的心跳极为微弱，瞳孔对光也无反应。根据医生建议，乘务组使用低流量为旅客供氧，十几分钟后，旅客逐渐恢复意识，但无法说话，四肢无力，出冷汗，测试血压心率仍没有数值。结合其他症状，医生怀疑是脑梗或中风，建议立即进行进一步治疗。

此时，机组早已按预案联系放行签派，考虑到塞班机场距离飞机最近，且机组对该机场情况熟悉，当地又有该航空公司的地面代理，在与家属沟通并征得同意后，机组决定立即前往塞班机场备降并联系相关援助。令人感动的是，机上所有旅客均对机组的决定表示理解和支持。

由于还未抵达目的地悉尼，此时飞机剩余油量较多。为保障降落安全，备降过程中，机组在地面的指挥下开始执行空中放油。在持续放油17 t后，航班于北京时间25日00时08分在塞班机场安全落地。急救人员立即登机，用担架将病人抬出客舱送往市中心的医院就诊。

为了保证其他旅客的后续行程不受影响，航空公司相关部门、机组与塞班机场通力配合协作，航班仅耗时1小时49分便完成病患旅客送医、下客清舱、卸载行李、更改放行数据、补油等一系列操作，于01：57从塞班机场再次起飞，顺利抵达目的地悉尼。

据悉，旅客确诊为中风，右侧躯体丧失知觉。目前生命体征稳定，仍需留院观察，待病情好转后方可搭乘航班回国。此次救助旅客，航空公司预计将付出数十万元的代价。不过，航空公司表示，始终将旅客的生命放在第一位，并高度赞扬机组人员在面对突发情况的时候沉着冷静，严谨专业。

### 三、癫痫发作

癫痫发作也称全面性强直-阵挛发作，以意识丧失和全身抽搐为特征，是大脑神经元突发性异常放电，导致短暂的大脑功能障碍的一种慢性疾病，多见于脑血管病、脑肿瘤、脑创伤后、脑膜炎和中毒等。癫痫的种类繁多，临床表现也非常复杂，但最常见和最易识别的类型是癫痫发作，也就是民间所讲的"抽风"或"羊角风"。它的典型特征是意识丧失和全身抽搐。

#### （一）临床表现

（1）突然出现似羊叫的尖叫声。

（2）意识丧失，立位时常常表现为"摔倒"在地上。

（3）全身抽搐，面色紫绀，瞳孔散大，口吐白沫。

（4）舌唇常常被咬破，并伴有大小便失禁等表现。

（5）每次发作历时数分钟，醒来后不能回忆发作过程。

（6）一次癫痫发作持续 30 min 以上者，或者虽有间歇期，但意识不能恢复，反复频繁发作 30 min 以上者，称为癫痫持续状态。癫痫持续状态约占癫痫病人的 3% ~ 6%，是一种危险的急症，应及时送往医院抢救。

#### （二）机上急救要点

（1）发现癫痫病人发作时不是卧位，应立即帮助病人使其处于侧卧位，防止摔倒和碰伤。

（2）松开病人的领带、胸罩、衣扣和腰带等紧身物品；保持病人呼吸道通畅；如果病人安装有义齿，应将其取下，以免误吸入呼吸道；为防止舌咬伤，可将手帕卷成一条状或用一双筷子缠上布条塞入其上下牙之间。

（3）发作过程中，应将病人头部侧向一边，使唾液和呕吐物尽量流出口外，防止窒息；抽搐时，切记不要用力按压病人肢体来试图阻止其抽搐发作，以免造成骨折或扭伤。

（4）发作后尽可能减少搬动，让病人适当休息，此时可给病人吸氧。

（5）对于已经摔倒在地的病人，应检查有无创伤，如有创伤，应根据创伤情况进行处理。

（6）小儿惊厥（类似癫痫发作）常常由高烧引起，这时应尽快用湿毛巾热敷或用酒精涂擦把体温降下来，以免再次发生惊厥。

（7）及时广播寻求医生乘客的帮助，并报告机长。如果是小儿惊厥和癫痫持续状态，应与地面联系，请求紧急降落，以便尽快将病人送往医院救治。

**案例速递：**

2017年9月12日，一架从贵阳飞往揭阳的飞机上，一名女乘客在万米高空突发癫痫，口吐白沫，浑身抽搐。危急时刻，得到了机组人员以及一名乘机医生的紧急施救。随后，机长果断决定将飞机备降广州白云国际机场，最终让该乘客成功脱险。

据了解，该航班于当日17时25分从贵阳起飞，前往揭阳潮汕国际机场。在飞了40 min后，机舱内突然传出一阵骚动：一名坐在45排A座的女性旅客突然神志不清，口吐白沫，浑身抽搐。乘务员发现情况后，立即将该情况报告给乘务长。乘务长一边将情况报告给机长，一边迅速通过广播在客舱里寻找医生。幸运的是，广东省丰顺县人民医院神经科的一名医生恰巧在该航班上。此时，这名发病的旅客被3位朋友扶在座位上，怎么喊都喊不应。医生意识到该旅客是癫痫病发作后，立即让乘务人员和病人的朋友把座位之间的扶手拉起，让患者斜躺，以便进行检查。由于该旅客咬伤舌头致口腔出血，痰液和血水布满了口腔，医生担心会致其窒息，立即将其口腔里的血痰等抠出并清理干净。考虑患者癫痫发作时间较长且状况不明，18时17分，张医生建议飞机尽快备降以便对患者采取进一步救治。

此时，距离正常降落揭阳潮汕机场还有一个小时的时间，机长闻讯，当即联系地面运行指挥人员，选择最近的白云机场备降。

18时37分，飞机降落广州白云机场。机舱门刚刚打开，提前赶到廊桥守候的医护人员立即上机救治病人。待患者病情稳定后，又由救护车将其送往医院治疗。因救治及时，患病旅客成功脱险。

## 四、支气管哮喘

支气管哮喘是一种过敏性疾病，多数在年幼或青年时发病，并在春秋季或遇寒时发作。哮喘发作时来得快、去得快，并以呼气困难为特点；哮喘发作间隙期如同正常人。

### （一）临床表现

（1）呼吸困难，主要表现为呼出气体时费劲，甚至有窒息感。
（2）被动体位，病人常常被迫坐直并使身体前倾，以帮助呼吸。
（3）哮鸣音，病人或周围的人可以听到哮鸣音。
（4）发作前常常有鼻腔与眼睑发痒、流泪、打喷嚏、流鼻涕和干咳等前驱症状。

### （二）机上急救要点

（1）及时给氧。特别是当病人已经出现严重的呼吸困难，口唇、指甲紫绀等缺氧症状时，更应尽快给病人吸氧。
（2）安慰病人，使其保持镇静。
（3）嘱咐病人坐直并使身体前倾，以帮助呼吸。
（4）如果病人自带有药物，可以帮助病人服下以缓解症状。

（5）经处理后病人病情仍未见好转，应在机上广播寻找医生，并及时报告机长，与地面取得联系。

---

**案例速递：**

　　2018 年某次航班本来上午 9 点半时从机场起飞，但是起飞大概 10 分钟以后，机上一名 24 岁的男性乘客突然呼吸不畅，晕倒在地，失去了全部意识。乘务长知道消息后对这名乘客进行了紧急救治，但是救治无果。于是他立马通过广播寻找飞机上的乘客中是否有医生，以便对这名乘客进行专业救治。还好当时飞机上有一名专业的内科大夫苏医生，他立即对乘客进行了紧急救治。从乘客的表现特征中，苏大夫发现他可能患有哮喘病。但是当在患病乘客身上找寻哮喘病人应该随时备有的急救药物沙丁胺醇喷剂时，却被旁边的乘客告知在安检的时候被没收了。这下可就太为难苏大夫了！虽然说他是专业的大夫，可是现在没有针对哮喘病的特殊药物，他除了采取一般的紧急救治措施之外也没有其他办法。在对患病乘客进行反复的紧急救治但无效之后，苏医生根据多年的临床经验判断，如果再拖下去，这名年轻的乘客将会有生命危险。乘务长只能决定采取紧急措施，让飞机重新返回机场，以此来挽救这位乘客的性命。这位乘客经过飞机上众人的轮番施救之后，情况慢慢好转，在飞机返回武汉时意识已经渐渐恢复。下飞机之后，他立马接受了机场医护人员的紧急治疗。

　　此外，该医生还给航空公司提出自己的建议：在飞机上的急救包内除了常备的一些急救药品之外，也还应该准备一些针对患有特殊疾病的乘客需要的药物；飞机上的急救包应该不只是一个装饰品，它应该被作为必需品被重视起来。急救包内的急救工具应该随时处在能够使用的状态，在发生紧急情况的时候才不会手忙脚乱，以至于耽误救治时间；机组人员应该经过专业的急救培训，万一乘客中没有医护人员，那患病乘客的生命安全将得不到保障。

---

### 五、糖尿病的急症

　　糖尿病是由胰岛素分泌不足或者胰岛功能下降导致的血糖升高而引起的一系列病理改变。糖尿病典型的表现为多饮、多食、多尿和消瘦，即"三多一少"症状，血液化验后发现血糖值升高。

　　糖尿病可以引起各种急性和慢性并发症。在飞行途中，糖尿病患者乘客最容易出现的危急重症是低血糖，尤其是当乘客担心在飞机上发病而过分限制饮食或服用降糖药超量时。

（一）临床表现

（1）心慌、出冷汗、全身发抖。
（2）异常空腹感或饥饿感。

（3）意识障碍，可能出现嗜睡、昏睡，严重时甚至出现昏迷。

（4）如果乘客有糖尿病史，目前正在口服降糖药，或近几天进食不正常，或有感冒、发烧、呕吐、腹泻等症状，突然出现昏迷，又找不到其他原因时，应首先怀疑糖尿病昏迷。

## （二）机上急救要点

（1）让病人平卧在座椅上，头侧向一边，保持呼吸道通畅，清除呕吐物，防止误吸而引起窒息。

（2）密切观察病情变化，一旦发生呼吸停止，应立即进行人工呼吸。需要注意的是，由糖尿病引起的昏迷，除了低血糖外，血糖显著升高也可以引起"高渗性昏迷"，所以在昏迷原因不清楚时不要随便给病人喂糖水，以免加重病情。另外，给意识不清楚的病人喂糖水本身就是禁忌，容易造成患者呛咳，甚至窒息。

# 六、鼻出血

鼻出血是临床常见的症状之一，可由鼻部疾病引起，也可由全身疾病所致，是飞机客舱里常见的医学急症之一。机舱内空气相对干燥，或进食辛辣刺激的食物后滋生火热，或有用手指挖鼻的不良习惯等，都是导致鼻出血的诱因。鼻出血多数发生于鼻中隔前下部位，该处有扩张的血管形成血管丛，称为鼻中隔易出血区。

## （一）临床表现

（1）多为单个鼻孔出血，偶尔可能是两个鼻孔同时出血。鼻出血常常无疼痛感。
（2）口腔可吐出鲜血。
（3）出血量大时易发生休克。

## （二）机上急救要点

（1）安慰病人，让病人身体前倾、微低头，两指向鼻中隔按压捏紧鼻翼，或用干棉球塞住出血鼻孔，或用沾有萘甲唑啉（滴鼻净）或盐酸麻黄素溶液的棉签填塞出血鼻孔。
（2）用干净的纱布或毛巾擦净血迹。
（3）经处理后病人鼻出血常可以止住，如果出血不止，应立即在机上广播寻找医生，并及时报告机长，与地面取得联系。

---

**案例速递：**

2021年23时20分，成都—天津某航班旅客已全部登机完毕，飞机缓缓滑行进入跑道准备起飞。23时30分，一名旅客口鼻突然开始大量出血，情况十分危急。该航班乘务长第一时间为旅客提供了大量纸巾、毛巾进行填塞止血，并制作冰袋为旅客进行冰敷，但旅客出血情况并没有得到缓解，口中鲜血止不住地流出，情况不容乐观。此时，飞机已经滑行至跑道尽头即将起飞，为避免耽误旅客在第一时间得到专业的医疗救治，乘务长立即向机长报告了旅客情况。机长决策后第一时间终止了起飞，并通知地面，申请滑回停机位。

---

在此期间，乘务组及机组与多方保持密切联系，将旅客的各项信息和症状及时告知地面医疗团队，并联系救护车准备就位，同时悉心照料并安抚出血旅客。与此同时，地面多部门、机构同时联动，高效有序做好各项协调准备工作。经航空运行控制部协调，飞机即刻滑回，客梯车、救护车、医护人员及地面工作人员也已经在飞机下准备就位。23时43分开舱门后，医护人员将旅客带下飞机，进行专业医疗救治。

乘务组及时、有效的处置，为救援旅客的生命争取了宝贵的时间。旅客及同行人员对工作人员表达了诚挚的感谢，航班上其他旅客也纷纷为航班沉着冷静的紧急救援行动点赞。

## 七、烫　伤

烫伤是由高温液体（沸水、热油）、高温固体（烧热的金属等）或高温蒸气等对肌体所造成的损伤，是最常见的家庭意外，也是机上最常见的创伤之一，常由白开水、热茶和热咖啡所致。

### （一）临床表现

烫伤程度不同，临床表现也有差异。

一度烫伤：只损伤表皮层，表现为局部轻度红肿，疼痛明显，但无水泡形成。在机上的烫伤多为一度烫伤。

二度烫伤：伤及真皮层，表现为局部红肿、疼痛，并有大小不等的水泡形成。

三度烫伤：皮下、脂肪、肌肉、骨骼都有损伤，呈灰或红褐色。

### （二）机上急救要点

烫伤发生后，要保持冷静，并立即采取以下措施进行急救：

（1）冲：以流动的自来水冲洗或浸泡在冷水中，使皮肤快速降温以减轻痛苦，降低伤害的程度。这种"冷却治疗"在烧烫伤后要立即进行。

（2）脱：在充分泡湿伤口后小心除去衣物，可用剪刀剪开衣物，并保留有粘连的部分。

（3）泡：继续浸泡于冷水中至少 30 min，可减轻疼痛，降低伤害程度。

（4）盖：用干净的床单、布单或纱布覆盖。病情严重的尽快送往医院治疗。

需要注意的是，烫伤发生后，不能用牙膏、凡士林等来涂抹。由于烫伤伤口的热气受到牙膏等物质的遮盖，不能向外散发而只能往皮下组织深部扩散，易加重烫伤程度。

## 八、晕　机

晕机是飞机运行过程中最常见的一种医学事件。

（一）临床表现

（1）头晕。

（2）面色苍白、出冷汗。

（3）恶心为晕机时的主要症状，严重时可能出现呕吐。

（二）机上处理要点

（1）首先给乘客准备一个干净的清洁袋，供呕吐时使用。

（2）尽可能把乘客调整到距发动机较远而又靠近窗户的座位，以减少噪声和扩大视野。

（3）打开通风器，使空气流通。

（4）帮助乘客把座椅调整到舒适位，并告诉乘客尽量让头部保持固定位置不动，闭目休息，同时做深呼吸。

（5）防止条件反射。如果邻近座位的旅客呕吐或将要呕吐，应避开视线。

## 九、腹　痛

腹痛可以较轻，如高空飞行时胃肠道内存在的气体膨胀引起的疼痛，只要做常规安抚处理；也可以很重，如急腹症，需要及时送往医院进行急救。

（一）胃肠胀气引起的腹痛

1. 临床表现

不伴其他症状的单纯的、较轻的腹部绞痛。

2. 机上处理要点

（1）让患者起来走动。

（2）禁饮会产气的饮料，如啤酒、汽水等。

（3）鼓励患者乘客尽量把气体排出，如排空大便等。

（二）急腹症

对于机上出现的严重腹痛，鉴别是不是需要急诊手术的急腹症，是乘务人员首先要做的事。

1. 临床表现

（1）持续的、严重的腹痛。

（2）有固定的压痛点。

（3）常常有腹肌的紧张，如果用手触诊腹部有如板状（医学上叫作"板状腹"）。

（4）常常有便秘，或伴有发热等。

**2. 机上处理要点**

（1）让旅客保持在自己认为最舒适的体位，安静休息。

（2）禁食、禁饮。

（3）广播寻找医生乘客，观察并记录病情变化。

（4）及时报告机长，与地面取得联系。有时可能需要改变飞行航线，做计划外的降落。

### （三）伴有发热、恶心、呕吐及腹泻的腹痛

当机上乘客出现伴有发热、恶心、呕吐及腹泻的腹痛时，应按可疑胃肠道传染病进行处理。具体处理要点如下：

（1）座位隔离。

（2）参照卫生防疫包的使用程序，单独收集病人接触过的物品，密封交防疫部门。

（3）限制腹泻病人只使用其使用过的厕所，其他旅客使用另外的厕所。

（4）及时报告机长，向有关部门汇报。

## 十、过度换气

过度换气指紧张、焦虑或晕机常常会使机上乘客不由自主地加深、加快呼吸。深而快的呼吸会导致二氧化碳的过度呼出，并引起呼吸性碱中毒。

### （一）临床表现

（1）乘客表现出紧张、焦虑的情绪。

（2）明显的呼吸频率过快和呼吸深度过深。

（3）头昏、视物模糊，手、脚、嘴唇的麻木和刺痛感。

（4）肌肉僵硬痉挛，不能保持平衡，甚至昏迷。

### （二）机上处理要点

（1）安慰患者，向患者解释出现以上症状是呼吸过深、过快的结果，并告诉其控制呼吸的方法（减慢呼吸并不时屏气）。

（2）让患者罩一个大袋子缓慢呼吸，或用一个未接通氧气瓶的面罩呼吸。

**能力提升训练**

任选航空飞行中4类一般紧急医学事件，通过网络调研检索相关案例资源并制作成PPT汇报展示。

# 项目二　呼吸道异物梗阻处置

**学习目标**

　　了解呼吸道异物梗阻的诱发因素及临床表现；掌握呼吸道异物梗阻机上应急处置措施。

**知识储备**

　　呼吸道异物梗阻是由于误将异物吸入呼吸道，形成呼吸道堵塞，引起通气障碍，导致窒息，甚至死亡的医学急症。一旦出现呼吸道梗塞，就不能吸入氧气，不能排出二氧化碳，病人往往表现出呼吸受阻、面色紫和失去知觉的现象。

　　异物进入呼吸道后，大的异物多停留在气道，小的异物则易嵌于支气管。较大的、表面不光滑的或植物性异物（如豆类）对气管黏膜刺激强，黏液分泌增加，加之植物性异物易被黏液浸泡而膨胀，病情会加重，如果超过 4 min 就会有生命危险，而且即使抢救成功，也常因脑部缺氧过久而导致失语、智力障碍和瘫痪等后遗症；如果超过 10 min，则抢救成功的概率几乎为零。

## 一、诱发因素

　　饮食不慎为呼吸道异物梗阻的主要诱发因素。进食匆忙，进食时注意力不集中（如在进食的同时聊天或嬉戏等），或者进食时突遇气流颠簸等，很容易将一些肉块、鱼团、菜梗等误吸入呼吸道。

## 二、易发人群

　　（1）老年人因咳嗽，吞咽功能差，或不慎将义齿或牙托误送入呼吸道。

　　（2）婴幼儿和儿童有嬉弄和口含异物的习惯，且防御性咳嗽力弱，反射功能差，一旦嬉笑或啼哭，可因误吸气而将口腔中的物品吸入呼吸道。如异物不能咳出，则病情严重。

　　（3）昏迷病人，因舌根后坠，胃内容物和血液等反流入咽部，也可阻塞呼吸道入口处。

## 三、临床表现

### 1. 特征性体征

当异物吸入气管时，患者会出现突然的刺激性咳嗽、反射性呕吐声音嘶哑、呼吸困难。由于异物吸入气道时感到极度不适，患者常常不由自主地以一手呈"V"字状紧贴于颈部，如图 4-1 所示。这常常成为呼吸道梗阻的特征性体征。

图 4-1　气道异物梗阻的特征性体征

### 2. 呼吸道不完全阻塞症状

病人常有咳嗽、喘气或咳嗽弱而无力，呼吸困难，吸气时带有高音调声音等现象。

### 3. 呼吸道完全阻塞症状

大的支气管被异物完全堵上，病人不能说话，不能咳嗽，不能呼吸，面色灰暗，发绀，这时病人常常不自主地以一手的拇指和食指呈"V"字状紧贴喉部，面容痛苦，想说但说不出话。此时，病人多半会用肢体动作告诉周围的人自己当前的处境。

### 4. 昏　迷

当呼吸道完全阻塞而不能及时解除，病人很快就会陷入昏迷状态。

## 四、机上急救处置

### （一）呼吸道部分梗阻的病人

此类病人尚能呼吸、讲话和咳嗽，应鼓励病人努力将梗塞的异物咳出。

### （二）呼吸道完全阻塞的病人

在机上急救现场主要采用美国著名医学家亨利海姆立克教授（Henry J. Heimlich）发明的"海姆立克急救法"，简称"海氏急救法"进行急救。该法利用突然冲击腹部膈肌软组织，产生向上的压力，压迫两肺下部，从而驱使肺部残留空气形成一股气流，长驱直入气管，将堵塞气管、喉部的食物块等异物挤出呼吸道。

气道异物梗阻不仅发生于幼儿，随着人口老龄化，老年人发生气道异物梗阻的情况已明显增多，所以，海氏急救法的使用也日渐广泛，并已成为心肺复苏的一个重要部分。

1. 自救式腹部冲击法

（1）嘱咐患者自己一只手握空心拳，拇指侧置于腹部脐上两指、剑突下处，另一只手紧握住此拳，双手同时快速向上、向内冲击 5 次，每次冲击动作要明显分开。

（2）或者选择将患者上腹部压在坚硬物上，如桌边、椅背或栏杆处，连续向上、向内冲击 5 次。

（3）重复以上操作步骤若干次，直到异物排出。

2. 互救式腹部冲击法

互救式腹部冲击法包括立位腹部冲击法和仰卧式腹部冲击法 2 种，前者适用于病人意识清醒时，后者适用于病人意识不清、不能站立配合时。

（1）立位腹部冲击法如图 4-2 所示。

① 施救者站在病人的背后，双臂环绕病人腰部，嘱咐病人弯腰、头部前倾。

② 一手握空心拳，并将拇指侧顶住病人腹部正中线、脐上方两横指、剑突下处。

③ 另一手紧握此拳，快速向内、向上冲击 5 次。

④ 反复有节奏、有力地重复操作若干次。

⑤ 病人应配合施救者，头低张口，以便使异物受到气流冲击而吐出。

图 4-2 立位腹部冲击法

（2）仰卧位腹部冲击法如图 4-3 所示。

① 将病人置于仰卧位，救护人骑跨在病人两大腿外侧。

② 将一只手的掌根平放其腹部正中线、脐上方两横指处，不要触及剑突，另一手直接放在前一只手背上，两手掌重叠。

③ 两手合力快速向上、向内冲击病人的腹部，连续 5 次，重复操作若干次。

④ 检查口腔，如异物已经被冲出，迅速用手指从口腔一侧钩出。

⑤ 检查呼吸、心跳，如呼吸、心跳停止，应立即行心肺复苏术。

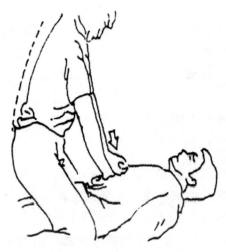

图 4-3　仰卧位腹部冲击法

3. 互救式胸部冲击法

互救式胸部冲击法适用于不宜采取腹部冲击法的病人，如妊娠后期或肥胖者等病人，包括立位胸部冲击法和仰卧位胸部冲击法。

（1）立位胸部冲击法，适用于意识清醒的病人。

① 施救者站在病人的背后，两臂从病人腋窝下环绕其胸部。

② 一手握空心拳，将拇指侧置于病人胸骨中部，注意避开肋骨缘与剑突。

③ 另一只手紧握此拳向内、向上冲击 5 次。

④ 重复以上操作若干次，检查异物是否排出。

（2）仰卧位胸部冲击法，适用于意识不清醒的病人。

① 救护人将病人放置于仰卧位，并骑跨在病人两大腿外侧。

② 胸部冲击手的定位与胸外心脏按压部位相同。

③ 两手的掌根重叠，快速冲击 5 次，每次冲击的间隔要清楚。

④ 重复以上操作若干次，检查异物是否排出。

⑤ 检查呼吸、心跳，如呼吸心跳停止，应立即行心肺复苏术。

**能力提升训练**

某航班一位乘客在进食时或刚进食后出现清醒状态下的呼吸困难、不能呼吸或不能说话，请初判其是什么症状，并采取应急处置措施。

# 项目三  机上妊娠处置

**学习目标**

　　了解机上妊娠的临床表现；掌握机上妊娠应急处置措施。

**知识储备**

　　机上妊娠旅客紧急医学事件处置主要是指机上流产和分娩的处置。由于常常发生机上"意外生产"，美国和日本等国的法规要求机上必须配备接生包，我国目前没有此要求。

## 一、机上流产

　　妊娠不足 28 周、胎儿体重不足 1 kg 而终止者称为流产。在飞行过程中发生的流产称为机上流产，多发生在妊娠 12 周之内，属于早期自然流产。

### （一）主要症状及体征

　　腰部和腹部有间歇性的疼痛，并伴有阴道出血。出血量可大可小，如果大量出血易导致休克。

### （二）机上急救处置

　　首先通知其他乘务员准备急救，并在机上广播寻找医生，同时报告机长，与地面取得联系，做好抢救准备，再按以下步骤一步一步地进行。

　　（1）将妊娠旅客的座位调整到出口附近，以便于飞机着陆后医务人员进行处置；同时将相邻座位的乘客调到其他位子，并尽量用帘子将孕妇与其他座位隔开。

　　（2）尽可能让妊娠旅客躺下，用垫子将其下肢垫高，以防止休克发生，并注意保暖。

　　（3）询问妊娠旅客的姓名、年龄、妊娠情况，并进行必要的安慰和鼓励，消除其紧张、焦虑情绪。

　　（4）检查呼吸、脉搏、血压等生命体征。

　　（5）准备大量的热水、垫布、敷料和卫生纸。

　　（6）如果疼痛明显，可以使用一些止痛剂，如对乙酰氨基酚等。

　　（7）将排出的妊娠物收集在塑料袋或容器内，以备医务人员检查，判断病情。

　　（8）着陆后与前来接诊的医务人员办好交接手续。

## 二、机上分娩

妊娠满 28 周及以后的胎儿及其附属物,从临产发作至从母体全部娩出的过程,称为分娩。在飞行过程中发生的分娩称为机上分娩。

在介绍机上分娩的处置方法之前,空中乘务员必须牢记的是:生产不是疾病,而是正常的生理现象。事实上,绝大多数婴儿都是自然降生的,是不需要任何干预的。所以,对于飞机上发生的孕妇意外生产,作为非医务人员的空中乘务员不必惊慌失措,要做的仅仅是让分娩能顺其自然就足够了。

临床上将 28~37 周分娩的叫作"早产",37~42 周分娩的叫作"足月产",42 周以后分娩的叫作"过期产"。

### (一)影响分娩的 4 大因素

(1)产力:将胎儿及其附属物从子宫内逼出的力量称为产力。

(2)产道:胎儿娩出的通道,分为骨产道与软产道。

(3)胎儿:能否顺利娩出,除产力、产道外,还取决于胎儿的大小、胎位以及有无畸形。

(4)精神因素:分娩顺利与否的影响因素之一。

### (二)分娩的症状和体征

(1)腰部和腹部疼痛。

(2)阴道流血。

(3)尿频。

### (三)分娩前的准备

与机上流产的准备一样,首先通知其他乘务员准备急救,并在机上广播寻找医生,同时报告机长,与地面取得联系,做好抢救准备。

1. 产妇的准备

(1)将产妇的座位调整到飞机出口附近,以便于飞机着陆后医务人员进行处置;同时将相邻座位的乘客调到其他位子,使产妇拥有尽可能宽松、舒适的环境。

(2)给产妇饮用少量的水。

(3)在宫口未开全之前,告诉产妇不要用力,以避免软组织损伤。

(4)不允许产妇上卫生间。

(5)给予产妇精神安慰,与她待在一起并给予她信心。

2. 产妇信息收集

乘务员应该获得以下信息:

(1)产妇的姓名和年龄。

(2)是第几胎。

（3）预产期的具体时间。

（4）腹部疼痛的持续时间与间隔时间。

（5）羊水是否已破。

3．接生用品的准备

（1）多准备一些热水和干净的盆。

（2）装废弃物和胎盘用的容器或污物桶。

（3）大量的棉棒和吸水性好的卫生纸。

（4）剪刀 1 把（在急救箱内），放在水中煮沸消毒约 10 min，用于剪断胎儿脐带。

（5）脐带夹，在应急医疗箱内。

（6）干净的塑料床单 1 张，用来保护座位不被弄脏。

（7）消毒手套 1~2 副（在急救箱内），接生时用。

（8）毯子 1 条，用来包裹婴儿。

4．空中乘务员自己的准备

（1）确定参加助产的乘务员，凡是患有感冒或手与其他部位感染者不得参加助产。

（2）剪去过长的指甲，并用肥皂彻底清洗手和前臂。

（3）将洗净的手晾干，戴上消毒手套，不要再接触未经消毒的东西，以便接触产道和婴儿。

（四）分娩的处置

分娩通常包括以下 3 个阶段：

1．第一阶段：子宫颈全开阶段

本阶段所需的时间有非常大的个体差异，对于第一胎产妇来说可能需要 12 h 以上（也有较短的），但对于非第一胎的产妇来说，则可能只需要 1~2 h 甚至更短。

（1）临床表现：

① 腰部和腹部有规律地疼痛，这预示着生产的开始，紧接着会出现腹部痉挛式的疼痛，且疼痛的频率逐渐加快，强度逐渐增强。

② 阴道出血，有时可能仅仅只有几滴，说明胎膜已破，需要立即进行处置。

（2）机上处置措施：

① 选择一个合适的地方，以便用帘子将产妇与舱内其他乘客隔开。

② 在地板上放置一个便盆，让产妇小便。

③ 先铺上一块干净的塑料床单，再垫上毛巾或毯子，让产妇平躺，在她的臀部垫上折叠的毛毯；让产妇头肩靠在枕头上，脱光下身，双腿分开，双膝弯曲，双脚平放。

④ 用软布垫在产妇臂下，并给她上半身盖上毛毯保暖。

⑤ 由手已经过消毒的乘务员对产妇的会阴部进行消毒。先用肥皂温开水洗干净，然后用皮肤消毒液（在急救箱和应急医疗箱内）进行消毒。

⑥ 保持舱内的安静，并安慰产妇。

2. 第二阶段：胎儿娩出阶段

胎儿在该阶段经过骨盆从阴道娩出。对于第一胎产妇来说，此阶段大约需要 1 h，而对于非头胎的产妇来说，需要的时间就要短得多。

（1）临床表现：

① 腹痛的频率加快，每隔 2～3 min 就要疼痛一次；腹痛的程度加重；每次腹痛的时间延长，并伴有越来越强的要生下的感觉。

② 会阴开始肿胀，每次收缩时，都可以看到阴道内胎儿的头皮，预示着即将分娩。

（2）机上处置措施：

接产者站在产妇的右侧，并注意保护会阴，方法如下：

① 当胎儿的头部出现在阴道口时，要将它托住，并且在以后每次收缩时都要将它托住，因为只有通过反复的收缩才能将胎儿挤出产道，期间还要缩回去。为了避免将头弄脏，可用干净纱布将产妇的肛门盖住，并且在头部缩回去之前，将肛门上的脏物擦干净。

② 在两次收缩之间，告诉产妇停止向下使劲，并张开嘴做深呼吸，等下次收缩来临时再继续用劲。当婴儿的头出来时，将他稳住，不要让他出来得太快。

③ 当胎儿的头将转向一侧时，还应继续托住它，并把头放低，直到肩膀最上部出现在产道口时，再抬高头，使下肩娩出来。

④ 当躯体出来时，将新生儿托出产道。

⑤ 将新生儿放在产妇的两腿之间，因为这时新生儿仍有脐带与母体相连。用拭纸将新生儿的口腔清理干净，等待第一声啼哭。如新生儿没有啼哭或没有呼吸，则应立即做呼吸循环的复苏。

⑥ 用毯子将新生儿包好，放在一边。

3. 第三阶段：胎盘和脐带娩出阶段

（1）临床表现：

① 胎盘从子宫壁分离。

② 分娩后 10～30 min，产妇仍有轻微的收缩感觉和腹部疼痛。

（2）胎盘的处置：

① 产妇继续躺着，两腿像分娩时那样分开，一旦她感觉胎盘将出来时，令其使劲。此时，不能用拉拽脐带的方法来帮助胎盘的剥离。

② 将胎盘和与之相连的胎膜装入塑料袋，留给医生和助产士检查。

③ 将产妇身子擦干净，垫上干净的垫子，嘱咐其休息。

（3）脐带处置：

胎盘与新生儿通过脐带连在一起，在分娩后约 10 min，脐带停止搏动。这时，将脐带夹套入脐带，在距离脐轮 0.5 cm 处夹紧，用灭菌剪在距脐带夹 0.5 cm 处剪断脐带，对断面进行消毒，以无菌纱布包扎。

（五）胎儿娩出后的观察

产出胎盘始终伴随着一些子宫流血，因此应在产妇身上放置一块卫生纸；在不进行挤压的情况下，让产妇把腿放低，并合拢在一起，将脚垫高；轻柔地按摩产妇的子宫顶部，以帮助子宫收缩，减少流血。着陆后及时交由医务人员处置。乘务员要详细记录处置经过，并按公司的相关要求填写记录单。

在整个分娩过程中和在产后始终保持与产妇身体上的接触是给产妇提供情感支持的有效方法。

乘务员要将记录的各种情况及时报告机长，通告地面准备救护车、妇产科医生到站接机。到站后将母子及胎盘和情况记录单交医务人员，并送往有妇产科的医院。

### 能力提升训练

某航班一位乘客有分娩的临床表现，作为一名乘务员，你该进行如何处置？

# 项目四　机上心脏骤停处置

### 学习目标

熟悉机上心脏骤停的临床表现；掌握机上心肺复苏术及对应的应急处置措施。

### 知识储备

## 一、机上心肺复苏的重要性

随着人们生活质量的普遍提高，为减轻舟车劳顿，出远门时，更多的人选择了搭乘飞机。在享受这种安全交通服务时多数乘客不太清楚，高空座舱环境与人们习惯了的地面环境的差异可能会导致其身体不适，甚至有突发疾病的风险。高空飞行时，客舱内氧气浓度比地面低 1/4 左右，气压偏低、空气相对干燥、噪声、震动等因素，可使不少患者原有的疾病加重，也可诱发少数貌似正常的人产生一些较严重的疾病。

2019 年 2 月 13 日上午，深圳飞往北京的某航班正在万里高空平静地飞行。突然，洗手间门外一位 60 多岁的女乘客晕倒，脸色紫绀。这一幕正好被同一航班上具有 35 年从业经验的深圳著名外科专家、深圳市医学会会长、华大执行副总裁蔡志明看到。他马上呼唤机组人员，请机组人员打开氧气瓶给患者吸氧；同时，俯下身，仔细检查患者的呼吸、脉搏等情况，并紧急强力按压"人中"穴。情况非常危急，他发现该乘客意识丧失，已处于心跳、呼吸停止状态，必须马上进行胸外按压。蔡志明和机组人员与患者家属沟通，询问病史后了解到，患者平时有高血压、心脏病，其家属随身带有速效救心丹。他马上对患者进行紧急胸外按压复苏、紧急用药等救治措施，期间又陆续有几位热心乘客加入到援救队伍当中。经过现场救治，患者逐渐恢复了自主呼吸和心跳。机组人员随后联系了机场地勤医务人员，并在航班落地后将患者送往医院。经过热心乘客和机组人员的及时救治，该乘客顺利脱离生命危险，并及时得到医治。

其实，在飞行途中受多种因素的制约，有很多类似上述案例的乘客，虽经大家尽力抢救却回天乏术。2012 年 6 月 27 日在一架由杭州萧山飞往北京的航班上，宁波的张先生突然出现心脏骤停，昏倒在座位上。乘务员们马上将他抬到机舱过道间进行心肺复苏，并迅速给氧，同时广播寻找到一位中医乘客一起参与施救。机长立即与北京首都机场联系，请求优先降落。救护车急速赶到，救护人员迅速登机，接替继续进行心肺复苏。虽经多方努力抢救，但最终张先生还是在送往医院的途中不幸死亡。

鉴于时有发生的空中突发呼吸、心跳停止事件，机组人员了解并掌握现场心肺复苏的基本技能，启动和参与空地急救链，是非常重要和必需的。因此，《大型飞机公共航空运输承运人运行合格审定规则》（CCAR-121 部）对机组人员有掌握心肺复苏等急救知识和技能的要求。以心肺复苏为核心的一系列急救知识，能有效提高机组人员客舱服务水平，最大限度地降低机上突发医疗事件对乘客生命安全的威胁，以及尽可能减少由此给航空公司带来的意外经济损失。掌握心肺复苏基本知识，也能第一时间正确启动和参与日常生活中心脏骤停事件的现场急救，为后续参与急救的医务人员争取宝贵的时间。

## 二、心脏骤停与心脏猝死

心脏骤停是指各种原因导致的心脏突然停止跳动、有效泵血功能消失，引起全身严重的缺血、缺氧。心脏骤停后往往很快伴随呼吸的骤停。

心脏骤停 88%是由心室颤动（室颤）等恶性心律失常引起的。正常情况下，心室肌纤维按 60~100 次/min 的节律收缩，随着每次有力的收缩将足量的血液泵到全身。而心室颤动时，患者心室肌纤维收缩的频率可达 250~600 次/min，此时由于频率过快，心室收缩的幅度非常有限，几乎无法将血液泵出心脏。如果室颤期间采取有效的 CPR 和电除颤，心跳有可能恢复正常节律，否则，就会出现心脏猝死。心脏猝死中约 80%是由冠心病及其并发症引起的，而这些冠心病患者中约 75%有心肌梗死病史。在飞行途中，相对缺氧等不利因素易诱发心脑血管事件，甚至平时貌似正常的隐匿型冠心病患者也有突发心脏骤停的可能。

### （一）心脏骤停的原因

（1）心脏病：发生在严重心律失常的基础上，尤其是冠心病的急性心肌梗死和急性心肌炎。

（2）意外事件：电击伤、严重创伤、溺水和窒息等。

（3）麻醉和手术中的意外。

（4）电解质紊乱：高血钾症、低血钾症、严重的酸中毒都会导致心脏骤停。

（5）药物中毒：如洋地黄、奎尼丁、羟萘卞芬宁等药物中毒都会引起心脏骤停。

在航班上，绝大多数心脏骤停事件是由成年人的冠心病和其他心血管疾病所致，偶见儿童心脏骤停，多因进食果冻之类的食物引起的呼吸道异物梗阻所致。

（二）心脏骤停后的主要生理改变

正常体温时，如果脑血流被阻断，10 s 后脑氧储备耗尽，20～30 s 后脑电活动消失，4 min 后脑内葡萄糖耗尽，糖无氧代谢停止，5 min 后脑内三磷酸腺苷（ATP）枯竭，能量代谢完全停止，4～6 min 后脑神经元发生不可逆的病理改变。身体各部位缺氧的耐受力不同，大脑为 4～6 min，小脑为 0～15 min，延髓为 20～30 min，脊髓为 45 min，交感神经节为 60 min。心肌和肾小管细胞不可逆的缺氧损伤阈值约为 30 min。肝细胞可支持缺氧状态 1～2 h。由于氧可以从肺泡弥散至肺循环血液中，所以肺组织能维持长达十几个小时的代谢。

心脏骤停后，循环停止，如立即采取心肺复苏，使组织灌流量能维持在正常血供的25%～30%，大多数组织细胞和器官，包括神经细胞均能通过低氧葡萄糖分解，获得最低需要量的 ATP，此时，心脏恢复正常心率的可能性很大，脑功能暂时不会受到永久性损伤。

如果没得到及时有效的抢救，心脏骤停将演变成心脏猝死。心脏猝死是指由于心脏原因引起的突然死亡。心脏猝死与心脏骤停的区别在于前者是生物学功能的不可逆转的停止，而后者通过紧急治疗有逆转的可能性。

（三）心脏骤停的临床表现

心脏骤停是临床死亡的标志，其主要表现如下：
（1）意识突然丧失，常伴有短暂抽搐。
（2）心音消失，颈、股动脉搏动消失。
（3）呼吸断续，呈叹息样，以后即停止。
（4）皮肤苍白或口唇发绀，伴随出汗。
（5）全身肌无力，出现体位的突然变化。

（四）心跳、呼吸停止的判断

在飞行途中，由于噪声和震动等因素，有时要快速准确地判断一个人心跳、呼吸停止是比较困难的，我们可从以下几个方面入手：
（1）确定意识丧失：大声呼喊、用力拍打或摇动患者无应答。
（2）确定脉搏消失：主要触摸颈动脉，不能摸到动脉搏动。
（3）确定呼吸停止：观察胸腹部无起伏，感觉鼻孔无气体呼出。
（4）面色灰白、口唇发绀，头面部和手心明显出汗。
（5）瞳孔散大，全身无力。
（6）强刺激无反应：刺激眼眶上神经或用指甲用力刺激患者皮肤无反应。
以上 6 个方面我们不一定从头到尾都检查一遍，《AHA2020 心肺复苏指南》要求，假如成年患者无反应、没有呼吸或呼吸不正常（即只有喘息），就可以立即采取复苏措施。判断心跳、呼吸停止的时间，最好不超过 10 s，以免耽误宝贵的抢救先机。即使判断失误，患者心跳、呼吸没有真正停止而实施心肺复苏，也无大碍，不会造成明显的伤害。

（五）心脏骤停的转归

心脏骤停后，患者能否复苏和复苏后的恢复程度，取决于心肺复苏 5 个环节是否完善、每一环节抢救措施的及时性和准确性、各环节连接的顺畅性、患者病情的危险程度以及身体素质等因素。心脏骤停后，大多数人会死去，活下来的人中仅有不足 1/3 的人能完全恢复正常。据国内临床报告，心跳、呼吸停止后 5 min 内实施心肺复苏，复苏成功率为 37.5%；5～8 min 内复苏成功率为 20.7%；超过 8 min 者，无 1 例复苏成功。心脏骤停的转归按照概率大小排序，一般如下：

（1）脑死亡：发现较晚，错过最先抢救时间或发病危重，缺氧、缺血很严重、脑组织细胞广泛坏死，虽经积极抢救，还是跌入不可逆转的生物学死亡的深渊。

（2）植物人：多见于急救条件不完善，此时大脑皮质几乎彻底损伤，但生命中枢受损不重，有自主呼吸、心跳，能被动进食，有消化和无意识排泄，不能说话，无有目的的自主活动。

（3）重度脑功能不全：大脑皮质没完全毁损，患者出现严重的脑功能障碍，生活不能自理。

（4）中度脑功能不全：多见于急救某个环节不及时或 5 个环节连接不太顺畅，大脑皮质部分细胞受到一定程度损伤。

（5）肾功衰：缺血、缺氧导致肾小球及肾实质的广泛损害。

（6）痊愈：只占较小的比例。发现早、及时启动心肺复苏（CPR）急救系统、各环节抢救措施及时有效、各环节之间衔接快速流畅、患者无影响心肺复苏（CPR）急救的其他潜在疾病、身体素质较好，以上所有因素必须全部具备，缺一不可。

# 三、机上心肺复苏

## （一）心肺复苏的历史和现状

1960 年以前，对心跳、呼吸停止患者的抢救，还仅仅停留在对呼吸的急救上，效果很差。1960 年，Kowenhoven 医生发现，通过持续的胸外心脏按压制造被动的血液循环，结合口对口吹气，能有效提高这类患者抢救的成功率。

1966 年，美国国家红十字会建立了 CPR 的标准训练课程，美国心脏协会（American Heart Association，AHA）也首次发布 CPR 与心血管急救（ECC）指南，随后每 5 年一次，由国际复苏专家对所有复苏领域最新发表的论文和已完成的研究项目进行回顾、评价和讨论，达成一致意见后形成正式的 CPR 与 ECC 指南。在随后的 20 年中，美国逐渐对国内几乎所有的医务人员、警察、消防人员及其他应急急救人员实行标准化培训，从 20 世纪 90 年代开始，要求乘务员必须掌握 CPR 技能。AHA 与红十字会合作，免费将 CPR 急救技术推向社会大众，极大地提高了能在第一时间参与心肺复苏急救者的基数。21 世纪初，随着自动体外除颤器（AED）的逐步完善和越来越多地在急救现场中使用，心肺复苏成功率明显提高：以美国为代表的发达国家，将 AED 标配于救护车、警车、消防车、民航客机、体育场、证券交易厅和大型超市等公共场所，成功地构筑了复苏医学院外急救的又一个重要链环。到 2008 年，美国近 20%的人懂得心肺复苏知识，可参与 CPR 的现场急救，加上本来就很成熟的医疗急救体系，每年使成千上万的心脏骤停患者在较完善的急救生存链中起死回生。

2005 年，AHA 制定的心肺复苏标准为：开放气道→口对口吹气→胸外心脏按压，即 A→B→C 模式。该标准通过国际红十字会在全球推广。2010 年，AHA 又将标准修订为：胸外心脏按压→开放气道→口对口吹气，即 C→A→B 模式。此次修订强调了胸外心脏按压的优先性和持续性。

CPR 是指系列提高心脏骤停后生存机会的救命动作，这些动作包括：立即识别心脏骤停并启动急救系统，着重胸外按压的早期 CPR，快速除颤，有效的高级生命支持，综合的心脏骤停后治疗。以上 5 个动作有机地串接起来就构成了一个心肺复苏急救生存链，如图 4-4 所示。在这个链中，只有及早发现并立即启动复苏各急救环节、及时有效地进行现场施救、快速流畅地衔接各环节、高度协调地指挥，才可能将心脏骤停患者从死亡边缘拉回来。任何一个环节薄弱都会使心肺脑复苏效果大打折扣。前 3 个环节是在医院外完成的，也是机组人员在客舱中能做的工作。

图 4-4　心肺复苏急救生存链

（二）机上心肺复苏的特点

与地面心肺复苏相比，在飞行途中进行的心肺复苏有以下特点：

（1）客舱相对缺氧的环境对心肺复苏的成功率有一定的影响。

（2）从空中到地面急救衔接的畅顺性和及时性存在不确定性。

（3）机上突发心脏骤停，往往能及早发现并可迅速启动急救各环节。

（4）客舱机组人员都经过 CPR 现场急救培训，通过平时的演练，分工和责任相对明确。

（5）机载除颤器和氧气瓶，可以很快投入使用。

以上特点表明机上心肺复苏对地面而言有其优势，但目前还没有翔实的资料来证明机上心肺复苏的成功率比地面的高。

（三）机组成员参与 CPR 的分工与合作

空勤学生在机上 CPR 培训以及机组人员在 CPR 复训期间，应该明确分工，将有限的人员合理分配到 CPR 的各环节，以避免现场急救的盲目性，提高抢救效率。

（1）机上 CPR 推荐采用"双人抢救、多人轮换"的模式。具体为急救员甲和丙负责轮流做胸外心脏按压，急救员乙负责保持气道通畅和输氧，乘务长负责电除颤。

（2）机上 CPR 由乘务长负责指挥和协调，并负责向驾驶舱汇报情况。急救员甲和丙最好由男同事担任，两位急救员互相观察和提醒，确保按压的准确性。其他乘务员负责疏散乘客，快速取来除颤器、氧气瓶、急救箱和应急医疗箱，广播寻找医生乘客和安抚航班其他乘客，并随时准备接替体力下降的急救员。如果客舱里没有男同事或乘务员数量不足，且距离迫降机场较远，乘务长可以动员健壮的男乘客边看边学，现场培训替补队员。每分钟超过 100 次的胸外按压，对任何人的体能都是一个极大的挑战，要保持长时间连续高质量的按压，必须使用轮换战术。

（3）驾驶舱内机组人员，原则上不进入客舱参与急救。飞行员得知客舱有呼吸心跳停止乘客后，应马上联系空管中心，汇报机上的紧急情况，要求就近迫降或优先降落。得到同意后，立即改变飞行姿态，下降飞行高度，同时，向前方机场报告机上急救时间，启动地面 CPR 急救系统。

### （四）CPR 操作步骤

心肺复苏是一种针对猝死，即短时间内出现呼吸停止、脉搏消失以及意识丧失者进行救治的急救技术。在操作过程中，通常按以下顺序进行心肺复苏。

（1）D（danger）：确认现场环境安全。

救助者应明确救助者和被救助者处在安全的情况下，方可开展救助措施。

（2）R（response）：检查伤病者的反应。

判断意识、呼吸和脉搏。

具体方法包括：

① 呼叫：呼叫要表达出你的关切；拍拍或摇晃病人的肩部。

② 检查有无呼吸：立即检查有无呼吸，将脸颊靠近患者的口鼻处，眼睛看着患者的胸腹部有无起伏运动，听有无呼吸音，感觉口鼻部有无气流。

③ 检查脉搏检查：

成人：用食指和中指在喉正中旁开两指处下压于颈静脉上感觉有无血管搏动。

婴儿：用食指和中指在上臂内侧中部下压于肱动脉处感觉有无血管搏动。

④ 检查有无创伤：对大出血进行立即止血。如果没有反应则应立即进行。

（3）C（circulation）：心脏按压。

心脏按压的目的：当心脏停止泵血时，通过外力挤压心脏，推动血液在血管中运行。

① 按压的中心部位：成年人是胸骨下 1/2 处，婴儿是在两乳头连线下方一横指处。

② 成年人采用双手掌根重叠法，伸直肘关节利用上身重量和肩臂力量使手臂与地面垂直下压；儿童采用单手掌根法按压；婴儿用两手的拇指环抱法，或中指与食指两指法按压。

按压方法分别如图 4-5 所示。

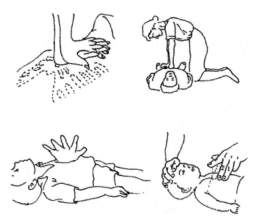

图 4-5　心脏按压方法

成人：双掌根重叠。

儿童：单手掌根按压。

婴儿：中指及无名指尖按压。

③ 下压的速度：

成人：100 次/min；婴儿：110 次/min。

④ 下压力量：成年人应使胸骨下陷 4～5 cm，儿童与婴儿相应减力 2～3 cm。

⑤ 心肺复苏的吹气与心脏按压应交替进行。

吹气 2 次，按压 30 次。病人恢复自主呼吸和循环，或医生诊断病人死亡则可以停止操作。

（4）A（airway）：开通气道。

具体方法：让病人仰卧于硬板或地面上，头后仰、下颌抬起，使下颌角与耳垂连线与地面垂直。

图 4-6、4-7、4-8 展示的是开通气道的 3 种方法。

图 4-6　拉颌法

图 4-7　仰头抬颈法

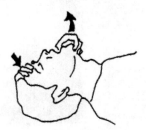

图 4-8　仰头举颏法

（5）B（breathing）：人工呼吸。

人工呼吸就是在病人呼吸停止后，用人工的方法帮助病人进行呼吸活动，达到气体交换的目的。人工呼吸对挽救病人的生命有举足轻重的作用，因为即使心跳恢复了，呼吸不恢复，心跳也不能持久。

人工呼吸有多种方法，最常用的方法就是口对口人工呼吸法。该方法是紧急供氧简便而有效的方法，适用于患者口能张开者。

具体操作步骤：

① 施救者用按住患者前额一手的拇指和食指捏闭患者的鼻孔。

② 施救者深吸一口气，用口唇把患者的口全罩住，呈密封状。

③ 先缓慢而持续地向病人的口中吹气，持续 2 秒钟以上，直至患者胸部上抬，然后再以 10~20 次/min 的频率向病人口中吹气。

④ 一次吹气完毕，立即与患者的口部脱离，观察患者的胸部运动；施救者吸入新鲜空气，以便做下一次人工呼吸，同时立即松开捏患者鼻孔的手，以便患者呼气，此时患者的胸部向下塌陷，有气流从口鼻排出，如图 4-9 所示。

图 4-9　口对口人工呼吸

吹气量的大小依病人的具体情况而定，一般以吹气后胸廓略有起伏为宜，每次吹气量为 700~1 000 mL，吹气时要暂停按压胸部。

口对口吹气应连续进行，直至病人恢复自主呼吸，或确诊已死亡。如果施救者确实不愿意与病人做直接的口对口人工呼吸，也可应用单向活瓣嘴对嘴复苏面罩（在机上急救箱内）来代替直接口对口人工呼吸。

在进行人工呼吸时，为了限制舌后坠，维持气道开放，如有需要，可使用口咽气道（在机上应急医疗箱内，如图 4-10 所示）。

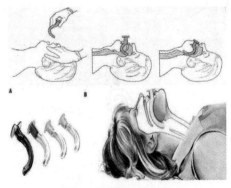

图 4-10　口咽气道

需要强调的是，对所有呼吸停止的昏迷病人都应毫不犹豫地进行口对口人工呼吸，这里并不提倡我们的乘务人员浪费时间去寻找机械通气设备。

（6）D（defibrillation）：尽早除颤。

如果有自动体外除颤器（AED）则应该立即中断上述步骤进行除颤。

AED 的操作步骤如下：

① 自动体外除颤器的使用方法：

在急救员做 CPR 的同时，其他乘务员应当快速将机上配备的 AED（见图 4-11）取来备用。在尽量不中断胸外心脏按压的情况下，乘务长暴露好患者上半身，用酒精棉球擦干净粘贴电极的两个部位，然后撕开两个电极板上的薄膜，将前电极板贴于右胸前上部，外侧电极板贴于左胸外侧下部，如图 4-12 所示。暂时停止胸外心脏按压，所有人脱离患者，打开 AED 开关，进入自动心电分析，如果分析结果为需要除颤，AED 会发出提示音。乘务长再次确认无人接触患者后，按下电击按钮，放电除颤。除颤完毕后，急救员甲和乙迅速就位继续抢救，乘务长取下电极板。

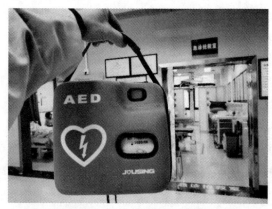

图 4-11 自动体外除颤器

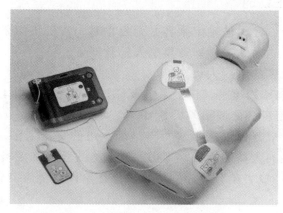

图 4-12 除颤器电极粘贴部位

② 使用自动体外除颤器的注意事项：

A. 尽可能早地使用 AED，最好在发病后 3 min 之内使用。除颤拖延 1 min，存活率降低 7%~10%；超过 10 min 再除颤，存活率仅为 2%~5%。

B. 首次除颤电击剂量为 2 J/kg，再次除颤不超过 4 J/kg。

C. 除颤期间，尽可能缩短胸外心脏按压中断时间。因为越来越多的证据表明，即便是短暂的 CPR 中断也是非常有害的。

D. 临床研究结果表明，与 3 次电击方案相比，单次电击除颤方案救活率更高。因为反复除颤有造成心肌电损伤的风险，反而不利于复苏，所以机上体外除颤原则上只做一次。如果有医生乘客在场，需要第二次除颤，由医生决定。

E. 胸腔内植入心脏起搏器或复律除颤器的患者禁用 AED。

## 四、机上死亡事件的处置

机上死亡事件时有发生，其处置程序如下：

### （一）有医生在场时

（1）请医生帮助确定是否死亡，如已死亡，按医生/机长指令将尸体搬移至适当位置。

（2）及时向机长汇报，由机长通知到达站地面做好相应准备。

（3）尽力帮助该乘客的陪同人员。

（4）请医生协助填写"机上紧急事件报告单"，一式 4 份，并请医生、机长、主任乘务长/乘务长、见证旅客、见证乘务员签名。

（5）落地后，主任乘务长/乘务长做好与地面人员的交接工作，并在"机上紧急事件报告单"中详细记录地面人员的姓名、部门、联系方式及旅客随身行李件数。

（6）"机上紧急事件报告单"应详细填写，并在事件发生后 24 h 内上报本单位客舱安全管理部门。

### （二）没有医生在场时

（1）及时通知机长，在无法确定乘客是否死亡时，按机长指令将其移至适当位置。

（2）由机长通知到达站地面做好急重病人抢救准备。

（3）尽力帮助该乘客的陪同人员。

（4）主任乘务长/乘务长填写"机上紧急事件报告单"，一式 4 份，并请机长、主任乘务长/乘务长、见证旅客、见证乘务员签名。

（5）落地后，主任乘务长/乘务长做好与地面人员的交接工作，并在"机上紧急事件报告单"中详细记录地面人员的姓名、部门、联系方式及旅客随身行李件数。

（6）"机上紧急事件报告单"应详细填写，并在事件发生后 24 h 内上报本单位客舱安全管理部门。

**能力提升训练**

口述并操作机上心肺复苏术及其注意要点。

# 模块五　机上创伤救护

## 项目一　了解创伤救护

**学习目标**

了解常见创伤的原因、类型及特点；掌握创伤救护的目的。

**知识储备**

### 一、常见创伤的原因及特点

#### 1. 交通伤

交通伤常导致人体组织擦伤与挫裂伤。随着社会的发展，车辆越来越多，交通事故的数量也不断增加，交通事故伤以高能创伤为特点，常造成多发伤，多发骨折，脊柱、骨骺损伤，内脏损伤，开放伤等严重损伤，后果严重。

#### 2. 坠落伤

随着高层建筑增多，坠落伤的发生也增多。多以脊柱、脊髓损伤和骨盆骨折为主，还可造成多发骨折、颅脑损伤、肝脾破裂等。

#### 3. 机械伤

机械伤多由机械操作不当致伤，多以绞伤、挤压伤、撕脱伤为主。导致肢体开放性损伤或断肢、断指、组织挫伤，血管、神经、肌腱损伤和骨折等。

#### 4. 锐器伤

锐器伤指被尖锐锐器刺伤，伤口较深，易出现深部组织损伤，胸腹部锐器伤可导致心脏、肺脏、肝脏、脾脏或大血管损伤，四肢易出现血管、神经及肌肉损伤。

### 5. 跌撞伤

跌撞伤多发于老年人，由于老年人骨质疏松，跌倒或碰撞后出现四肢、骨盆、脊柱、髋骨等部位骨折，运动量较大的青少年也容易出现跌打损伤。

### 6. 火器伤

火器伤（枪伤）的伤口一般小而深，常导致深部组织器官损伤，也会出现入口小、出口大的贯通伤。

### 7. 动物咬伤

动物咬伤指被虫蛇、动物咬伤，伤口易感染，甚至会中毒或致死亡。

## 二、创伤的类型

由于创伤的原因不同，因而受伤的部位不同，表现形式也不同。现场救护中，应区分以下 4 种类型的创伤。

### 1. 闭合性损伤

闭合性损伤常见于钝器伤、跌伤和撞伤，体表无伤口，伤处有肿胀、紫绀淤血，可伴有骨折、内脏损伤；骨折和内脏损伤严重可导致休克。闭合性损伤比较隐蔽，容易被忽视，因此在发生跌打、碰撞致伤后，往往需要到医院做进一步检查。

### 2. 开放性损伤

开放性损伤常见于锐器和其他严重创伤，体表有伤口、出血。如有大动脉损伤，出血呈喷射状，在短时间内会出现失血性休克，需要立即止血、包扎。

### 3. 多发伤

多发伤是由同一致伤因素同时或相继造成一个以上部位的严重创伤、多发伤时，组织、脏器损伤严重，死亡率较高。现场救护时，要特别观察伤者的呼吸、脉搏和脏器损伤的情况。

### 4. 复合伤

复合伤是由于不同致伤原因同时或相继造成的不同性质的损伤。如在车祸致伤的同时，又受到汽车水箱的热水烫伤。复合伤增加了创伤的复杂性，因此在现场救护中针对不同性质的损伤要进行相应的处理。

## 三、创伤救护的目的

### 1. 维持生命，赢得时间

创伤可导致伤者的重要脏器损伤、大出血而出现呼吸困难、呼吸循环功能障碍等。在出现生命危险时，应立即采取有效措施，维持生命，为专业人员的到来赢得时间。

2. 减少出血，防止休克

严重创伤或大血管出血而导致的失血过多，会引起失血性休克。现场救护要迅速使用有效的方法止血，这是现场救护的基本任务。

3. 保护伤口，预防感染

开放性创伤的伤口要进行包扎，保护伤口可以减少出血，预防感染，保护深部组织，避免进一步损伤。

4. 固定骨折，减少损伤

创伤导致的骨折要用简便、有效的方法进行固定，以减少骨折对神经、血管等组织的损伤，同时缓解疼痛。椎体骨折，如能妥善固定，对防止脊椎损伤具有重要意义。

5. 防止并发症及病情恶化

现场救护过程中要注意防止脊髓损伤、止血带过紧造成肢体缺血坏死、胸外按压用力过猛造成肋骨骨折以及骨折固定不当造成血管神经损伤及皮肤损伤等并发症。

6. 快速转运

现场采取必要的止血、包扎、固定等措施后，要尽快将伤者转运到就近的医疗机构，获得高级生命支持。

**能力提升训练**

简述创伤救护的目的。

# 项目二 机上创伤止血

**学习目标**

了解常见的出血类型；掌握常见机上创伤止血的方法。

**知识储备**

民用飞机虽然是最安全的交通工具，但资料显示全球每年仍有上千起机上意外受伤事件发生。飞机无论是在起飞阶段发生机械故障或意外，还是在降落时起落架放下失灵，都可能对机上人员造成外伤。飞机在对流层飞行时，可能会遭受不规则的强气流袭击，当气流吹袭的方向与飞行方向不完全一致时，可以使机体剧烈颠簸，导致机舱内乘务员意外受伤。如发生舱内乘务员在过道和洗手间里摔倒、撞伤，未系安全带的乘客头顶撞上行李架导致头颈部受伤，与机舱壁、餐饮板、座椅脚等处发生碰伤等。

例如 2007 年 7 月 6 日，某航空公司一架空客 A330 客机从悉尼飞往广州，13 点左右途经菲律宾上空时，受到不规则气流袭击，发生剧烈颠簸，机上共有 28 名乘客受伤，其中 4 人伤势严重，包括头皮挫裂伤、四肢骨折、急性软组织伤等。机组人员在机上急救的同时，积极与地面取得联系，启动应急预案，飞机按照原来的航线于 17 点 52 分在广州安全着陆，受伤旅客随后被紧急送往医院诊治。

在高空飞行时，飞机的舱体出现意外的裂缝、破裂，或者飞机增压系统发生故障均可导致机舱失压，此时紧急降低飞行高度，除了造成突发性的航空性中耳炎和肺部急性液干性损伤外，还可能使人在毫无防备的情况下，发生跌倒、碰撞伤、被物体击伤等。目前我国法规没有要求飞机上必须配备医务人员，因此空勤人员掌握基本的创伤救治技术，是增强客舱应急能力和提高客舱服务水平的重要职业技能。

## 一、出血类型

血液会因各种创伤而流出循环系统，称为出血。当血液流出体表时，我们叫它外出血，如刀、枪伤所致的出血等；而当血液流入体内腔隙时，我们叫它内出血，如胃出血或肝破裂出血等。由于出血量的大小不同，对人体的影响也不一样。当出血量为总血量的 20%（约 800 mL）时，会出现头晕、脉搏增快、血压下降、出冷汗、肤色苍白或紫绀、少尿等症状；如出血量达总血量的 40%（1 600 ~ 2 000 mL）时，就会有生命危险。

依据受伤血管种类的不同，出血可以分为动脉出血、静脉出血和毛细血管出血 3 种。

（1）动脉出血：由于动脉血管内血液的压力较高，所以出血时呈泉涌、搏动性，尤其是大的动脉血管破裂，血液呈喷射状，颜色鲜红，常在短时间内造成大量失血，容易引起生命危险。

（2）静脉出血：由于静脉血管内血液的压力较低，所以出血时缓缓不断地外流，呈紫红色。如大静脉出血，往往受呼吸运动的影响，吸气时流出较缓，呼气时流出较快。

（3）毛细血管出血：出血时，血液呈水珠样渗出，大多能自动凝固止血。

创伤出血是最需要急救的危重急症之一。当人体发生创伤出血时（多为动脉出血），如不立即止血，在短时间内就会因失血量过多而引起失血性休克，并很快导致死亡。所以，止血术是创伤急救技术之首。

## 二、止血方法

### （一）压迫止血法（只能短时间内使用，一般<15 min）

1. 直接压迫止血

直接压迫止血指用干净敷料盖在伤口上按压，紧急时直接用手按压（见图 5-1）。

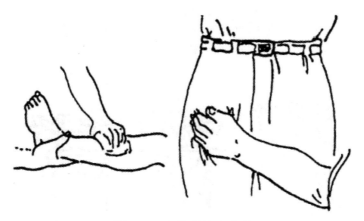

图 5-1　直接压迫止血法

2. 间接压迫止血

间接压迫止血指用手指压迫供应出血区域的动脉使其出血减缓，通过用手指压迫动脉经过的骨骼表面部位，使其闭塞，中断血流，来达到止血的目的（见图5-2）。指压止血法的压迫点在血管伤口的近心端，适用于头面部和四肢的动脉出血。这是一种快速、有效的止血方法，常常作为创伤止血的首选，但采用此法的救护人员需要熟悉各部位血管出血的压迫点，且仅适用于急救，压迫时间也不宜过长。

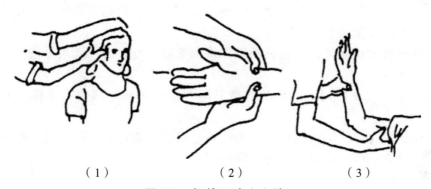

（1）　　　　　　　（2）　　　　　　　（3）

图 5-2　间接压迫止血法

（二）止血带止血法

1. 具体要求

止血带止血法一般用于四肢创伤的大出血，且加压包扎无法止血的情况下。使用止血带止血时，接触的面积应尽量大，以免造成局部组织的损伤。与指压止血法一样，结扎止血带的位置也在血管伤口的近心端。使用时要把止血带放在肢体适当的部位，如上肢要放在上臂中上 1/3 处；下肢放在大腿的中上 1/3 处。先在上止血带的部位垫一层软布，如毛巾、口罩等以保护皮肤。救助者用左手拇指、食指和中指持止血带的头端，右手将橡胶管拉紧绕肢体一圈后压住头端，再绕肢体一圈后将右手持的尾端放入左手食指中指之间，由食指中指夹持尾端从两圈止血带下拉出一半，使之成为一个活结。如果需要松止血带时，只要将尾端拉出即可。布性止血带是用绷带或布条制成的止血带。现场急救时可用毛巾、衣物撕成布条代替绷带。将布带缠绕肢体一圈后打结，圈内插入一小木棍绞紧，边绞边看出血情况，动脉出血刚刚止住即为松紧适度，然后将小木棍用布条固定（见图5-3）。

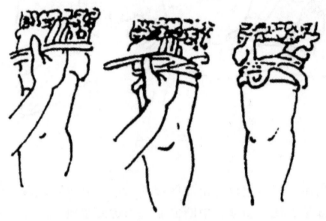

图 5-3　止血带扎法

2. 注意事项

（1）止血带不能扎在皮肤上，应该先用布料包垫一圈，再扎止血带。

（2）止血带应扎得松紧适当，过松会使出血加重，过紧则容易致组织坏死，因此要以刚好止住血的松紧度为宜。

（3）要定时放松止血带，以使远端肢体得到保证不会缺血坏死的血液，一般应每半小时放松 2～3 min。

（4）应在扎带时立即记录准确的扎带时间并标在明显的部位，这样才能保证准时放松。

（5）还应注意，即使定时放松，总的扎带时间也不能过长，否则肢体也不免坏死。因此，航线超过 5～6 h，应设法进行备降处理。

**能力提升训练**

根据所学的止血方法，分组进行机上创伤止血模拟情景练习，并在模拟练习过程中口述操作步骤要点。

# 项目三　机上创伤包扎

**学习目标**

了解创伤包扎的目的、意义；掌握机上常见的创伤包扎方法。

## 一、包扎的目的

（1）快速止血，减少出血量，预防休克。
（2）保护伤口，预防进一步感染。
（3）保护内脏和血管、神经、肌腱等重要解剖结构。
（4）固定敷料或夹板。
（5）支托受伤部位，矫正畸形。

## 二、包扎材料

常见的包扎材料有创可贴、纱布绷带、弹力绷带、三角巾、胶布等。在生活中可以就地取材，如干净的衣物、毛巾、手绢、布料等。

## 三、包扎方法

### （一）绷带包扎法

#### 1.环形包扎法

绷带卷向上，右手握住，左手拇指将绷带头轻压于需要固定的起始部位，右手连续环形包扎局部，按需缠绕足够圈数，末端用胶布固定，如图5-4所示。环形包扎法主要用于肢体较小或圆柱形部位，如手、足、腕部和额等部位。

图5-4　环形包扎法

#### 2.螺旋包扎法

先将绷带卷按环形包扎法缠绕数圈，随后缠绕的每一圈均覆盖上一圈的 1/3～2/3，包扎呈螺旋形前进。此法多用于周径相差不大的肢体。

### 3．螺旋反折包扎法

做螺旋形包扎时，遇到粗细变化明显的部位时，将绷带卷反折，盖住前一圈的 1/3 ～ 2/3，由此前进。反折部位避开伤口正上方或骨突出部位，避免造成压迫性不适。此法多用于周径差异较大的肢体。

### 4．"8"字包扎法

先将绷带头平放于关节旁，环形轻绕两圈，向关节处自下而上，从左到右，或自上而下，从右到左，来回做"8"字形缠绕。因关节处缠绕圈数较多，力度有叠加效应，每一圈不能过度用力，用胶布固定绷带尾。此法主要用于大关节，如踝关节、肘关节、膝关节、腕关节等处的扭伤。

### 5．蛇形包扎法

先按环形包扎法缠绕数圈后，再以绷带卷的宽度作为间隔斜向上缠或斜向下缠。此法多见于夹板的固定和大腿等处的包扎。

## （二）三角巾包扎法

三角巾包扎法可用于如头部、肩部、胸背部、腹部和四肢等部位的包扎。

（1）风帽式头部包扎（见图 5-5）：将三角巾顶角和底边中央各打一结成风帽状。顶角放于额前，底边结放在后脑勺下方，包住头部，两角往面部拉紧向外反折包绕下颌。

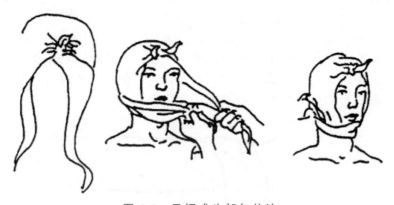

图 5-5　风帽式头部包扎法

（2）普通头部包扎（见图 5-6）：先将三角巾底边折叠，把三角巾底边放于前额拉到脑后，相交后先打一半结，再绕至前额打结。

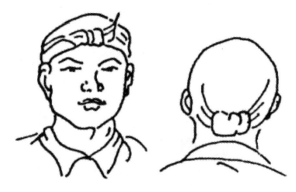

图 5-6　普通头部包扎法

（3）普通胸背部包扎（见图5-7）：将三角巾顶角向上，贴于局部，如系左胸受伤，顶角放在右肩上，底边扯到背后在后面打结；再将左角拉到肩部与顶角打结。背部包扎与胸部包扎相同，只是位置机反，结打于胸部。

图 5-7　胸部包扎法

（4）三角挂（见图5-8）：用于固定手掌或者手指放在较高的位置。具体操作：托起伤者伤侧的手臂，用三角巾覆盖在受伤手臂的前端，然后包裹住前端及肘部，绕到颈部后打结即可。

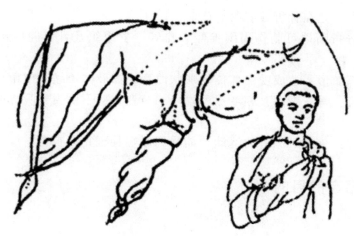

图 5-8　三角挂包扎法

根据所学的创伤包扎技术，分组进行模拟情景练习，并能在模拟练习过程中口述操作步骤要点。

# 项目四　机上骨折的现场固定及搬运

了解常见的骨折类型和症状；掌握机上常见的骨折现场固定及搬运方法。

**知识储备**

由于外力或疾病等原因使骨的完整性或连续性受到破坏，称为骨折。现场骨折固定是创伤救护的一项基本任务，正确的固定能迅速减轻伤者的痛苦，减少出血，防止损伤脊柱、血管、神经等重要组织，也是搬运的基础。

## 一、骨折的分类

根据骨折处是否与外界相通，可分为开放性骨折和闭合性骨折；根据骨折的损伤程度，可分为单纯骨折、复杂骨折、不完全骨折和完全骨折。

## 二、骨折的主要症状

（1）疼痛剧烈：尤在骨折处有明显压痛。

（2）肿胀：骨折断端可刺伤周围神经、血管、软组织及骨髓腔内出血，造成局部血肿。

（3）骨折局部畸形：造成受伤部位的形状改变，如肢体短缩、成角、旋转等。

（4）骨摩擦音：骨折断端互相摩擦所发出的声音，但不要为了听骨摩擦音而去反复移动骨折断端。

（5）功能障碍：骨折后原有的运动功能受到影响甚至完全丧失。

## 三、骨折固定的目的

（1）制动，减少伤者的疼痛。

（2）避免损伤骨折周围的神经、血管、软组织和内脏等。

（3）防止骨折端在搬运过程中移位，导致闭合性骨折转化为开放性骨折。

（4）便于运送伤者。

## 四、骨折固定材料

（1）木质夹板：以往最常用的固定器材。根据夹板长短的不同，有多种规格，以适应不同部位骨折的需要，外包软性敷料。

（2）其他材料：如充气夹板、负压气垫和塑料夹板等，情况紧急时还可以就地取材，用竹棒、木棍和树枝等来固定。

机上配备的是手臂和腿部夹板。对于夹板的质地相关法规没有要求。

## 五、骨折固定方法

### （一）颈部或脊柱损伤固定法

直接或间接受力都可导致脊柱骨折，如交通意外、高处坠下等。脊柱骨折是一种非常严重的创伤，如果处理不当，易造成永久性脊髓神经的横断性损伤，甚至死亡。其表现为颈、胸、腰、背部剧痛，如脊髓轻度损伤，可能手足麻木，如脊髓严重损伤，则四肢无任何感觉，也无法活动。因此，脊柱骨折应小心处置。

1. 颈椎骨折

头部朝下摔伤，受伤后颈部疼痛，四肢瘫痪，应考虑有颈椎损伤，要立即使用脊性板固定。

（1）双手捧引头部恢复颈椎轴线位，上颈托或自制颈套固定。

（2）保持伤者身体长轴一致，取平卧位放置于脊柱固定板上，将头部固定，将双肩、骨盆、双下肢及足部用宽带固定在脊柱板上。

（3）避免运输途中断接、晃动。

2. 胸腰椎骨折

坠落伤、硬伤、交通伤等严重创伤后腰背疼痛，尤其双下肢瘫痪时应考虑是腰椎骨折。疑有胸腰椎骨折时，禁止坐起或站立，以免加重损伤。

（1）固定方法同颈椎固定。

（2）警告伤患者勿乱动。

（3）将硬板担架置于伤者身旁。

（4）在肩腹部或腿部预放布垫。

（5）将伤者身体呈水平状搬上担架，用布带固定身体于担架上。

（6）保持平稳，待转送至医院。

### （二）锁骨骨折固定方法

（1）锁骨固定带：伤者坐下，双肩向后，安放锁骨固定带。

（2）T形夹板固定、8字形固定：T形夹板贴于背后，在两肩及腰部用布带扎牢固定。

（3）三角巾固定：现场可以用2条三角巾对伤者进行固定。一条三角巾悬吊在承托侧肢体，另一条三角巾折叠成宽带在伤肢肘上方将其固定于躯干。

### （三）肱骨干（上臂）骨折固定方法

#### 1. 木板固定（见图5-9）

放置衬垫，取2块木板，一块木板放置于上臂外侧，从肘部到肩部，另一块放置于上臂内侧，从肘部到腋下，用绷带或三角巾固定上下两端。屈肘位悬吊前臂，露出指端，检查末梢血液循环。

图 5-9　上臂骨折夹板固定法

#### 2. 躯干固定

无其他可利用物品时，则可用三角巾或宽布带将上臂固定于胸廓。用三角巾折叠成宽带或用宽布带通过上臂骨折部上、下两端，绕过胸廓，在对侧打结固定。屈肘90°将前臂悬吊于胸前，指端露出，检查末梢血液循环。

### （四）尺桡骨（前臂）骨折固定方法

#### 1. 木板固定（见图5-10）

加衬垫，取2块木板分别置于前臂的外侧和内侧，用三角巾或绷带捆绑固定。屈肘位大臂悬吊于胸前，露出指端，检查血液循环。

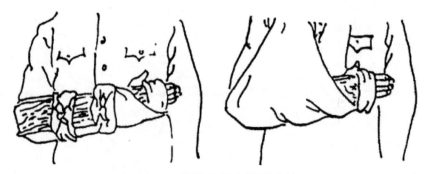

图 5-10　前臂骨折夹板固定法

2. 躯干固定

无其他可利用物品时，则可用三角巾或宽布带将前臂固定于胸廓。屈肘 90°将前臂悬吊于胸前，指端露出，检查末梢血液循环。

## （五）大腿骨折固定方法

1. 木板固定（见图 5-11）

2 块木板，一块长木板从伤侧腋窝到外踝，一块短木板从大腿根内侧到内踝。在腋下、膝关节、踝关节骨突部放棉垫保护，空隙处用柔软物品填实。用 7 条宽带固定，依次固定踝部、膝部、骨折上下两端，然后，固定腋下、腰部及小腿。如果只有一块木板则放于伤腿外侧，从腋下到外踝。内侧木板用健肢代替，两下肢之间加衬垫，固定方法同上。

图 5-11　大腿骨折夹板固定法

2. 健肢固定

用 4 条宽带（如三角巾、腰带、布带等）将双下肢固定在一起，两膝、两踝及两腿间隙之间垫好衬垫。8 字法固定足踝，趾端露出，检查末梢血液循环。

## （六）小腿骨折固定方法

1. 木板固定（见图 5-12）

2 块木板，一块长木板从伤侧髋关节到外踝，一块木板从大腿根内侧到内踝，分别放于伤肢的外侧及内侧。在膝关节、踝关节骨突部放衬垫保护，空隙处用柔软物品垫实。用 5 条宽带固定，先固定骨折上下两端，然后固定髋部、大腿。8 字法固定足踝，趾端露出，检查末梢血液循环。

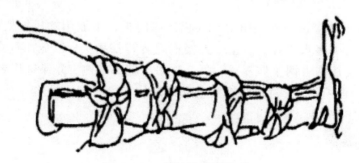

图 5-12　小腿骨折固定法

**2. 健肢固定与大腿固定**

健肢固定与大腿固定相同，可用 4 条宽带固定。

## 六、骨折的搬运

骨折的搬运主要是指脊柱骨折伤员的搬运。脊柱骨折固定后，正确的搬运和护送可以减轻伤员的痛苦，为及时有效地治疗创造条件；而不正确的搬运和护送会增加伤员的痛苦，甚至造成伤情的进一步加重，使伤员距危险更近一步。

脊柱是人体的"大梁"，椎管内有功能重要却又十分娇嫩的脊髓。脊柱骨折后，椎管内的脊髓失去了保护而可能受到移位椎骨或碎骨片的压迫，出现功能障碍，即引起不同程度的瘫痪。如果这种损伤仅局限于脊髓出血、水肿，其感觉和运动障碍是暂时性的，将来可能恢复；但如果是脊髓受到了横断性损伤，目前条件再好的医院也无能为力。颈椎骨折引起的脊髓损伤，由于其位置高，靠近呼吸和心跳中枢，可引起四肢瘫痪，甚至造成呼吸、心跳停止，严重威胁病人的生命；胸腰椎的骨折所导致的脊髓损伤会造成双侧下肢瘫痪，病人难以回到原来的工作岗位，甚至连生活也不能自理。

### （一）颈部骨折伤者的搬运

（1）搬运前首先要检查伤者的意识和呼吸情况。如果骨折时伤者的意识已经丧失，最基本的紧急处理是保证呼吸道畅通（此时千万不要让头扭动，只让颈部向前伸即可）；若没有了呼吸，应进行人工呼吸。

（2）搬运病人时，要采用硬质材料制作的担架。注意：千万不要让颈部活动，可以将毛巾、毛毯等放到头的周围，或用砖头、石块等将头部固定。

### （二）胸、腰椎骨折伤者的搬运

（1）采用硬质材料制作的担架或代用品搬运。

（2）搬运时最好由 3 人协同进行。3 人都蹲在伤者的一侧，然后分别以双手插入病人的肩背部、腰臀部及两下肢背侧，同时托起，维持脊柱水平位，将病人仰卧位放在硬板担架上。注意：腰部要用小枕头、衣裤等软物垫起。

### （三）脊柱骨折伤者的搬运

（1）搬运的工具应该用硬质担架、硬板床或门板，不能用软质担架或软床。
（2）搬动时应由多人平托，禁止一人搂抱或者背扛病员，以免加重脊柱、脊髓损伤。
（3）护送时应让伤者两下肢靠拢，两上肢贴于腰部两侧，并保持伤者的体位为直线。
（4）搬运过程中应尽量避免频繁搬动和颠簸。

**能力提升训练**

简述骨折固定的方法及其对应的操作要点。

# 模块六　机上突发公共卫生事件

## 项目一　了解突发公共卫生事件

**学习目标**

了解突发公共卫生事件的含义及特点;掌握突发公共卫生事件的等级划分。

**知识储备**

### 一、突发公共卫生事件的含义

突发公共卫生事件,是指突然发生,造成或者可能造成社会公众健康严重损害的重大传染病疫情、群体性不明原因疾病、重大食物和职业中毒以及其他严重影响公众健康的事件。

### 二、突发公共卫生事件的划分

根据突发公共卫生事件性质、危害程度、涉及范围,突发公共卫生事件可划分为特别重大(Ⅰ级)、重大(Ⅱ级)、较大(Ⅲ级)和一般(Ⅳ级)4级。

其中,特别重大突发公共卫生事件主要包括以下情况:

(1)肺鼠疫、肺炭疽在大、中城市发生并有扩散趋势,或肺鼠疫、肺炭疽疫情波及2个以上的省份,并有进一步扩散趋势。

(2)发生传染性非典型肺炎、人感染高致病性禽流感病例,并有扩散趋势。

(3)涉及多个省份的群体性不明原因疾病,并有扩散趋势。

(4)发生新传染病或我国尚未发现的传染病发生或传入,并有扩散趋势,或发现中国已消灭的传染病重新流行。

(5)发生烈性病菌株、毒株、致病因子等丢失事件。

（6）周边以及与中国通航的国家和地区发生特大传染病疫情，并出现输入性病例，严重危及我国公共卫生安全的事件。

（7）国务院卫生行政部门认定的其他特别重大突发公共卫生事件。

## 三、突发公共卫生事件的特点

### （一）成因的多样性

比如，各种烈性传染病。许多公共卫生事件与自然灾害也有关，如说地震、水灾、火灾等，像2008年发生的汶川大地震，最重要的就是地震以后会不会引起新的、大的疫情，要做到大灾之后无大疫是很艰难的，所以党中央也高度重视地震是否会引起新的疫情，各级政府部门也非常关注，从而避免了大灾之后必然有大疫的情况。公共卫生事件与事故灾害也密切相关，如环境的污染、生态的破坏、交通的事故等。社会安全事件也是形成公共卫生事件的一个重要原因，如生物恐怖等。另外，还有动物疫情、致病微生物、药品危险、食物中毒、职业危害等。

### （二）分布的差异性

在时间分布差异上，不同的季节，传染病的发病率也会不同，比如SARS往往发生在冬、春季节，肠道传染病则多发生在夏季。分布差异性还表现在空间分布差异上，传染病的区域分布不一样，像我国南方和北方的传染病就不一样。此外，还有人群的分布差异等。

### （三）传播的广泛性

当前我们正处在全球化的时代，某一种疾病可以通过现代交通工具跨国流动，而一旦造成传播，就会成为全球性的传播。另外，传染病一旦具备了3个基流通环节，即传染源、传播途径以及易感人群，它就可能广泛传播。这是第三个特点，也就是传播的广泛性。

### （四）危害的复杂性

重大的卫生事件不但对人的健康有影响，而且对环境、经济乃至政治都有很大的影响。比如2003年的SARS流行，2020年的新冠肺炎疫情流行，对我国及全世界造成了严重的经济损失。

### （五）治理的综合性

治理需要4个方面的结合，一是技术层面和价值层面的结合，我们不但要有一定的先进技术还要有一定的投入；二是直接的任务和间接的任务相结合，它既是直接的愿望也是间接的社会任务，所以要结合起来；三是责任部门和其他部门结合起来；四是国际和国内结合起来。只有通过综合的治理，才能使公共事件得到很好的治理。另外，在解决治理公共卫生事件时，还要注意解决一些深层次的问题，如社会体制、机制的问题，工作效能问题以及人群素质的问题，所以要通过综合性的治理来解决公共卫生事件。

### （六）新发的事件不断产生

比如 1985 年以来，艾滋病的发病率不断增加，严重危害着人们的健康；2003 年，非典疫情引起人们的恐慌；近年来，人禽流感疫情使人们谈禽色变；2020 年全球新冠肺炎流行传播，造成全球数亿人次的感染。

### （七）种类的多样性

引起公共卫生事件的因素多种多样，如生物因素、自然灾害、食品药品安全事件、各种事故灾难等。

### （八）食源性疾病和食物中毒的问题比较严重

比如 1988 年上海地区暴发甲肝；1999 年宁夏沙门氏菌污染食物中毒；2001 年苏皖地区肠出血性大肠杆菌食物中毒；2004 年劣质奶粉事件等。这些事件都属于食源性疾病和食物中毒引起的卫生事件。

### （九）公共卫生事件频繁发生

这与公共卫生体系的建设及对公共卫生事业的投入有关系。公共卫生事业经费投入不足，忽视生态的保护以及有毒有害物质滥用和管理不善，都会使公共卫生事件频繁发生。

### （十）公共卫生事件的危害严重

公共卫生事件不但影响我们的健康，还影响社会的稳定，影响经济的发展。

**能力提升训练**

在我国，突发公共卫生事件分为几级？划分的依据是什么？

# 项目二　机上突发公共卫生事件的应急处置

**学习目标**

掌握机上突发公共卫生事件应急处置原则与一般程序；掌握机上发现重大传染病疫情的处理程序。

## 一、机上突发公共卫生事件应急处置原则与一般程序

根据《突发公共卫生事件应急条例》，飞机运行过程中发现了根据国务院卫生行政主管部门规定需要采取应急控制措施的传染病病人、疑似传染病病人，机长应当以最快的方式通知前方降落机场，并向所在航空公司报告。

在传染病流行期间，乘务员应注意巡查客舱，发现可疑患者，立即向机长报告，并通知前方到达地的机场指挥部门和航空公司现场协调部门。

（1）将患者调整到最后一排座位并要求其戴上口罩，安排专用洗手间和专人服务。

（2）登记患者及其密切接触者的姓名、家庭住址、联系电话等。

（3）禁止各舱位间人员流动。控制机组人员出入驾驶舱。

（4）乘务员密切接触疑似患者时必须采取戴口罩和手套等预防措施，并注意手的清洁和消毒。

（5）患者使用过的口罩、手套和疑似患者用过的生活垃圾要用双层垃圾袋盛装、包扎密封并做特殊标记，及时进行消毒。患者座位的扶手和小桌板等均要擦拭消毒。

（6）在前方到达地机场停靠后，机组人员应积极配合检疫人员的工作，包括患者和有关资料的移交、飞机的清洁和消毒等。

（7）机组应做好空中旅客服务与安抚工作。

## 二、检疫传染病

检疫传染病是指鼠疫、霍乱以及国务院确定并公布的其他传染病。鼠疫是由鼠疫耶尔森菌引起的自然疫源性疾病，是两种甲类传染病之一。鼠为本病的重要传染源，人类主要是通过鼠→蚤→人的传播方式，经人的皮肤传入引起腺鼠疫，经呼吸道传入引起肺鼠疫。在临床上，鼠疫主要分为腺鼠疫、肺鼠疫和败血症型鼠疫。人感染鼠疫后，一般3~5天发病，有时1天就会发病，病人突然出现恶寒战栗、发烧，体温可达39 ℃以上；同时出现头昏、头痛、呼吸和脉搏加快；很快进入极度虚弱或昏迷状态，面色苍白或潮红，步态蹒跚，孕妇常常会出现流产。腺鼠疫除呈持续高热外，在大腿根部、颈部、腋下等处有肿大明显、疼痛剧烈的肿块。肺鼠疫更重，起病急，高烧可达40 ℃~41 ℃，随后咯血痰、气短、气喘、呼吸困难，临终前患者全身皮肤发绀呈黑紫色，故有"黑死病"之称。肺鼠疫患者的痰中会排出大量鼠疫杆菌而成为重要的传染源。

霍乱是一种烈性肠道传染病，是2种甲类传染病的另一传染病，由霍乱弧菌（Vibrio cholerae）污染水和食物而引起传播。临床上以起病急骤、剧烈泻吐、排泄大量米泔水样肠内容物、脱水、肌痉挛、少尿和无尿为特征。严重者可因休克、尿毒症或酸中毒而死亡。

### 三、机上出现鼠疫疫情的应急处理程序

在飞机运行过程中，如果出现鼠疫病人、疑似病人时，机长应当立即通过空中交通管制部门，向民用航空行政主管部门报告以下内容：

（1）飞机所属公司、型号、机号和航班号。

（2）始发机场、经停机场和目的地机场。

（3）机组及乘客人数。

（4）病人的主要症状、体征和发病人数。

同时，机长应当组织客舱乘务员、安全员以及机上医务人员乘客等实施下列临时交通卫生检疫措施：

（1）立即封锁鼠疫病人、疑似病人所在舱位，禁止各机舱间人员流动；控制机组人员进出驾驶舱。

（2）对鼠疫病人、疑似病人采取就地隔离、采样等医学措施。

（3）对被污染或者可能被污染的环境和病人的分泌物、排泄物进行消毒处理。

### 四、机上出现霍乱疫情的应急处理程序

组织客舱乘务员、安全员以及机上医务人员乘客等人员实施下列紧急措施，机长可以按原计划飞行，但应同时通知空中交通管制部门和目的地机场。在飞机运行过程中，如果发现霍乱病人、病原携带者和疑似病人，应采取以下措施：

（1）立即封锁霍乱病人、病原携带者和疑似病人所在舱位，禁止各机舱间人员流动。

（2）将霍乱病人、病原携带者和疑似病人隔离在其座位舱一端，实施应急医学措施，提供专用吐泻容器，封闭被污染的厕所，并对吐泻物进行采样留验。

（3）对霍乱病人、病原携带者、疑似病人的吐泻物和已经污染或者可能被污染的环境进行卫生处理。

### 五、机上出现疑似新冠肺炎疫情的应急处理

#### （一）应急处理原则

（1）在接触可疑旅客或有传染风险的污染物（如呕吐物、排泄物、血液等），以及被其污染的物品或物表之前，相关机组人员应穿戴防护装备。

（2）将可疑旅客安置在预设应急隔离区的右侧靠窗位置，以便尽可能将其呼出的气体直接排出机外。

（3）右侧盥洗室为隔离人员专用，以避免交叉感染。

（4）建议指定乘务员为其提供必要的机上服务。除实施必要机上安全操作外，该乘务员应减少与其他机组人员近距离接触。

#### （二）航空器随时消毒

当航空器客舱被具有传染风险的血液、分泌物、排泄物、呕吐物等液体污染时，应

随时消毒。航空器随时消毒应符合《大型飞机公共航空运输机载应急医疗设备配备和训练》（AC-121-102R1）的要求标准。消毒规程如下：

（1）穿戴个人防护用品。

（2）配置消毒液：取 1 片表面清理消毒片放入 250～500 mL 清水中，配制成 1∶500～1 000 浓度的消毒液。

（3）将消毒凝固剂均匀覆盖于液体、排泄物等污物 3～5 min，使其凝胶固化。

（4）使用便携拾物铲将凝胶固化的污物铲入生物有害专用垃圾袋中。

（5）用配好的消毒液对体液污染区域进行消毒 2 次，保证消毒液在物体表面滞留 3～5 min 后，用清洁水清洗 2 遍，然后用吸水毛巾将残留水渍吸干，最后将使用后的吸水毛巾及其他使用过的消毒用品放入生物有害物专用垃圾袋。

（6）脱防护服之前应进行手部清洁消毒，依次脱掉防护服（围裙）、手套，用皮肤消毒纸巾擦拭手部清洁消毒，再依次脱下眼罩、口罩，最后用皮肤消毒纸巾擦拭手及身体其他可能接触到污物的部位。

（7）将所有使用后的防护用品及受污染物品装入生物有害专用垃圾袋后，将垃圾袋封闭，填写"生物有害垃圾标签"，粘贴在垃圾袋封口处。

（8）已封闭的生物有害物专用垃圾袋暂时存放于适当位置，避免丢失、破损或对机上餐食造成污染。

（9）通知目的地地面相关部门做好接收工作。

---

**案例速递：**

2019 年 7 月 9 日 17 时 35 分，西哈努克—温州的航班上，一位旅客突感胸闷头晕，并短暂晕厥，机组第一时间将旅客转移至前排休息。经了解，该旅客曾于 10 天前患登革热并治愈，为防范可能的病源扩散，机组立即疏散周边旅客并进行隔离。同时，机组通过卫星电话将这一情况通报公司领导。航空公司高度重视，迅速启动四级蓝色应急响应，公司领导、各相关部门领导紧急集结应急指挥中心进行处置，同时联系温州机场、空管、海关等单位进行协同处置，并向上级主管部门报告情况。

19 时 22 分，航班落地温州，航空公司地服人员陪同海关检疫和边防人员上飞机检查，确认周边旅客无异样后带该旅客下机检查。

经海关检疫检查完毕，确认该旅客为高血压引起的头晕等症状，并非传染性疾病。19 时 56 分，103 位旅客全部下机离开，海关检疫对飞机客货舱进行了消毒，此次应急处置顺利完成。

本次事件的成功处置，体现了该航空公司在突发情况下反应快速、决策果断，在与温州机场联动中协调有序、配合默契，充分展示了该航空公司贯彻落实"以人为本、预防为主，预防和应急相结合"的民航应急工作理念。

---

**能力提升训练**

在传染病流行期间，客舱乘务人员在航班中应该注意哪些事项？如果遇到突发公共卫生事件该如何处置？

下 篇

# 客舱救护核心技能实训项目

# 实训项目一　人体生命体征的测量

## 一、实训目的

（1）掌握体温、脉搏、呼吸和血压4大生命体征的测量方法与要求。
（2）能够进行意识状态的判断。

## 二、实训器材

（1）体温计（水银）。
（2）血压计（电子式）。
（3）听诊器。
（4）计时器。

## 三、实训操作方法

分组操作练习并形成记录。

## 四、实训步骤

### （一）体温的测量（腋下测温法）

（1）握住体温计水银头的另外一侧，用力甩，将体温计度数甩到36℃以下。
（2）用干毛巾擦干腋下，将体温计的水银端置于腋窝中央略靠前的部位（另一只手可以握住被测量手的肘部以帮助其固定）。
（3）腋下测温需5~10 min。
（4）取出体温计、读数，做好记录，注意取出体温计时将刻度线朝向自己读数。

### （二）脉搏的测量

（1）检查者坐在被检者的右边。
（2）被检者将右手平放在适当位置，掌心向上。检查者将左手食指、中指、无名指并齐按在桡动脉搏动点，压力大小以能感到清楚的动脉搏动为宜。
（3）如果脉搏整齐，可以数15 s的脉搏次数，再乘以4即得1 min的脉搏次数；如果脉搏不整齐，则计1 min的脉搏次数。

（三）呼吸的测量

（1）在测量脉搏后，手仍按在病人手腕处保持诊脉姿势，以免病人紧张而影响测量结果。

（2）观察病人胸部或腹部起伏次数，一起一伏为一次，一般病人观察 30 s，将测得数值乘以 2，呼吸异常病人观察 1 min。

注意事项：

（1）测量呼吸应在安静状态下，如病人情绪激动或有剧烈运动，应休息 30 min 再测量。

（2）测量呼吸频率时，应同时注意观察呼吸的节律、深浅度、音响及气味等变化。

（3）因为呼吸可受意识控制，所以测量呼吸时应注意不要让病人察觉。

（四）血压的测量

1. 腕臂带位置必须和心脏的高度一致

要保持正确的坐姿，为保证这一点，上臂应自然下垂，肘和前臂可自然地搭在椅子扶手或矮桌子上。不要把整个胳膊平伸在高于心脏位置的桌子上，或用垫子把上臂垫得过高；腕臂带位每高出心脏 10 cm，血压测量值会偏低 8 mmHg 左右。电子血压测量仪与传统汞柱血压计测方式不完全相同，测量更精确，对测量姿势要求也更严格。臂式测量的电子血压测量仪，臂带高于心脏的可能性较大；腕式电子血压测量仪，腕带低于心脏的可能性较大。

2. 每次测量可用同样的姿势

尽可能每天在相同的时间和条件下，采用同样的姿势测量。由于人的血压每时每刻都会因内、外因素而变化，只有在相同条件下测量才有比较的意义。

3. 测量血压应在安静的状态下进行

（1）测量前保持安静状态 10 ~ 20 min。

（2）测量中心身松弛。

（3）测量中裸臂（臂式）、手掌向上、不要说话，身体和手不要摆动。

以下状态会得不到正确的血压值：运动后不久，进食 1 h 以内，酒后，刚喝过咖啡、茶，刚抽过烟，有尿意时等。

（五）意识障碍的判断

意识障碍的判断，可以通过语言应答、唤醒、疼痛刺激和各种反射活动（包括吞咽反射、对光反射、角膜反射和瞳孔大小等）等检查来确定。机上急救时，意识障碍的快速检查可以按照教材相关内容进行。

## 五、实训报告

生命体征的测量实训报告

| 被测者姓名 | | | 性别 | | 年龄 | |
|---|---|---|---|---|---|---|
| 体温（T） | °C | | | | | |
| 脉搏（P） | 次/min | | | | | |
| 呼吸（R） | 次/min | | | | | |
| 血压（BP） | 高压1： mmHg | 高压2： mmHg | | 高压3： mmHg | | 均值 |
| | 低压1： mmHg | 低压2： mmHg | | 低压3： mmHg | | |
| 意识状态 | 回答问题 | | | | | |
| | 语言应答 | | | | | |
| | 语言唤醒 | | | | | |
| 备注：其他情况说明记录 | | | | | | |

# 实训项目二　气道异物梗阻急救（海姆立克法）

## 一、实训目的

（1）了解气道异物梗阻的诱发因素与易发人群。

（2）掌握气道异物梗阻的识别。

（3）掌握气道完全梗阻时的海姆立克急救法。

## 二、实训操作方法

分组演练并用视频记录。

## 三、实训步骤

### （一）自救式腹部冲击法

（1）自己一手握空心拳，拇指侧置于腹部脐上两指、剑突下处。

（2）另一手紧握住此拳，双手同时快速向上、向内冲击5次。每一次的冲击动作要明显分开。

（3）或者选择将上腹部压在坚硬物上，如桌边、椅背和栏杆处，连续向上、向内冲击5次。

（4）重复以上操作步骤若干次，直到异物排出。

### （二）互救式腹部冲击法

1. 立位腹部冲击法

（1）救护人站在病人的背后，双臂环绕病人腰部，令病人弯腰，头部前倾。

（2）一只手握空心拳，并将拇指侧顶住病人腹部正中线脐上方两横。

（3）另一只手紧握此拳，快速向内、向上冲击5次。

（4）重复以上操作步骤若干次。

注意：病人应配合救护人，低头张口，以便异物受到气流冲击而吐出。

2. 仰卧位腹部冲击法

（1）将病人置于仰卧位，救护人骑跨在病人两大腿外侧。

（2）用一只手的掌根平放在其腹部正中线、脐上方两横指处，不要触及剑突，另一只手直接放在第一只手的手背上，两手掌重叠。

（3）两手合力快速向上、向内冲击病人的腹部，连续5次。重复操作以上步骤若干次。

（4）检查口腔，如异物已经被冲出，迅速用手指从口腔一侧钩出。

（5）检查如无呼吸、心跳，立即施行 CPR。

## （三）互救式胸部冲击法

1. 立位胸部冲击法（用于意识清醒的病人）

（1）救护人站在病人的背后，两臂从病人腋窝下环绕其胸部。

（2）一只手握空心拳，将拇指侧置于病人胸骨中部，注意避开肋骨缘与剑突。

（3）另一只手紧握此拳向内、向上冲击 5 次。

（4）重复以上操作步骤若干次，检查异物是否排出。

2. 仰卧位胸部冲击法（用于意识不清的病人）

（1）救护人将病人放置于仰卧位，并骑跨在病人两大腿外侧。

（2）胸部冲击手的部位与胸外心脏按压部位相同。

（3）两手的掌根重叠，快速冲击 5 次，每次冲击的间隔要清楚。

（4）重复以上操作步骤若干次，检查异物是否排出。

（5）检查呼吸、心跳，如呼吸、心跳停止，立即施行 CPR。

# 实训项目三　止血包扎及骨折固定

## 一、实训目的

（1）熟悉无菌操作技术。
（2）掌握常用止血包扎和固定技术。

## 二、实训器材

（1）止血器材：橡胶管止血带、条带止血带。
（2）包扎器材：绷带卷、无菌敷料、三角巾。
（3）固定器材：手臂夹板和腿部夹板。

## 三、实训操作方法

分组实训并用视频记录。

## 四、实训步骤

（一）无菌操作技术和防护方法

（1）练习戴一次性口罩。
（2）练习戴消毒手套。
（3）练习依次脱手套、脱口罩，并收拾妥当。

（二）压迫止血法

（1）直接压迫：用干净敷料盖在伤口上按压，紧急时直接用手按压。
（2）间接压迫：用手指压迫供应出血区域的动脉使其出血减缓。

（三）止血带止血法

（1）教师示范橡胶管止血带在上臂的捆扎方法，交代注意事项。每两位同学发一条橡胶管止血带，同学互相捆扎。
（2）针对手部出血的止血，教师示范条带止血带在手腕处的捆扎方法。每一位同学发一根条带止血带，在上下肢多处做捆扎，体会这种止血带的性能。

## （四）损伤伤口的包扎

有损伤伤口时，必须及时加以处理，以防止感染和严重出血发生，进行下述包扎即可达到此目的。根据所用材料不同，可采用绷带包扎中的环形包绕法、螺旋包绕法、8字包绕法或三角巾包扎法。

（1）绷带包扎法：

环形包绕法：每圈都压在前一圈上直到包严。

绷带螺旋包绕法：在环绕的基础上每圈压住前一圈的 1/2 ~ 2/3，直到包严。

（2）三角巾包扎法：可用于身体各部位损伤伤口的包扎，如头部、肩部、胸背部、腹部和四肢等部位。

## （五）夹板的使用

练习上肢骨折和下肢骨折的固定。

# 实训项目四　心肺复苏

## 一、实训目的

（1）掌握胸外心脏按压和人工呼吸的方法。
（2）熟悉自动体外除颤器的使用方法。

## 二、实训器材

（1）心肺复苏模拟假人。
（2）自动体外除颤器模型：复苏人体模型上配套的装置。
（3）垫子：体操垫子，尺寸缩小，用于摆放人体复苏模型。

## 三、实训操作方法

教师先在模拟假人上示范胸外按压手法、人工呼吸方法和自动体外除颤器的使用方法，再让同学分组操作，并对每一位同学考核评分。3位同学一组，2个小组共用1具人体模型。每一小组中，一位同学负责胸外心脏按压，一位负责吹气，一位负责除颤。学生按照老师的示范动作操作。熟悉自己负责的任务后，换岗操作，直到每位同学都能掌握这3种技能，再小组轮换。

## 四、实训步骤

### （一）胸外心脏按压及人工呼吸

（1）确认现场安全。

（2）靠近伤员判断意识：轻拍患者肩部，大声呼叫伤员，耳朵贴近伤员嘴巴。

（3）呼救：环顾四周呼喊求救，解衣松带、摆正体位。

（4）判断颈动脉、判断呼吸：手法正确（单侧触摸，时间不少于 5 s 不大于 10 s），判断时用余光观察胸廓起伏。

（5）胸外按压定位：胸骨柄与两个乳头的交点，一手掌根部放于按压部位，另一手掌平行重叠于该手手背上，手指并拢，以掌根部接触按压部位，双臂位于伤员胸骨正上方，双肘关节伸直，利用上身重量垂直下压。

（6）胸外按压：按压前口述按压开始，按压频率为每分钟 120 次，按压幅度为胸腔下陷 5~6 cm（每循环按压 30 次，时间 15~18 s）。

（7）畅通气道：清理口腔，摆正头型。

（8）打开气道：使用压额提颌法，确保下颌与耳朵的连线与地面垂直。

（9）吹气：吹气时看到胸廓起伏，吹气完毕后立即离开口部，松开鼻腔，视伤员胸廓下降后，再吹气。

（10）吹气按压连续 5 个循环：连接仪器，打开考核模式，进行按压、吹气连续操作。按照机器提示 2 min 内完成 5 个循环。

（11）整理：安置患者，整理服装，摆好体位。

### （二）除　颤

（1）暴露人体模型上半身，再将要贴电极片的 2 个部位（右胸前上部巴掌大区域和左胸下外侧巴掌大区域）用酒精棉球擦干净。

（2）撕开除颤器电极片上的塑料薄膜，前电极贴于右上胸，外侧电极贴于左胸外下侧。

（3）打开除颤器电源开关，确认无人接触模型，进入心电分析。

（4）如需除颤，AED 将进入除颤模式，发出明显的报警声音。

（5）再次确认无人接触模型后，按下除颤电极按钮，完成除颤。

## 五、实训考核

按照 3 人一组操作人体模型来考核。每一小组的成员协商分工，考核时，3 位同学按照机上心肺复苏操作流程来应考。教师根据每位应考同学的操作表现，以机上心肺复苏操作流程的要求逐一评分。

# 参考文献

［1］ 吴峥，庄珊珊，高遇美. 航空急救实务[M]. 北京：化学工业出版社，2019.

［2］ 刘平. 航空救护[M]. 成都：西南交通大学出版社，2013.

［3］ 王一镗，陈彦. 心肺脑复苏术操作训练规范[M]. 上海：上海科学技术出版社，2019.

［4］ 罗翌. 急救医学[M]. 北京：人民卫生出版社，2012.